小売・サービス・飲食業のための

パート・アルバイト「採用・戦力化・定着化」マニュアル

船井総合研究所
山田公一 著
Yamada Kouichi

同文舘出版

はじめに

私はコンサルタントの仕事を通じて、いろいろな会社やお店を見ています。その中には「儲かっているお店」もあれば「儲かっていないお店」もあります。

「儲かっているお店」にその理由を聞くと、ほとんどの経営者が特別にすごいことをしているわけではありません。

あえて「儲かっている店」の共通要素を探すならば、「優秀なスタッフが、楽しく（そうに）働いている」ことだけです。

極論を言えば、「優秀な人材を採用し、モチベーションを高める仕組み」さえ創ることができれば、勝手にスタッフが動きはじめ、「儲かるお店」になるのです。

逆にどんなにすごい「ビジネスモデル」があっても、それを実現してくれる「人」がいなければ、儲かりません。仮に儲かったとしてもそれは一時的なものであり、継続することは不可能です。

最近は、製造業の「派遣切り」「リストラ」など失業者増加が社会問題となっている一方、「小売業」「サービス業」では、多くの会社が「欲しい人材が採用できない」という悩みを抱えています。

「売る商品はたくさんあり、買ってくれるお客様もいるのに、売る人（店員）がいないから閉店（廃業）するというお店が、これから増えてくる」と私は予測しています。すでに介護ビジネスでは、必要な人材が確保できずに廃業した事業所も出ています。

「優秀な人材を集め、育て、定着させる」——これは会社存続のための最大の課題であり、その重要性はますます高まっています。

「人数」の確保ももちろん重要ですが、さらに「質」の確保が重要な問題です。

働く人の二極化（「優秀な人」と「そうでない人」の格差の拡大）が進む中で特筆すべきことは、同一企業内のスタッフの優劣格差ではなく、企業間の格差です。優秀な人材がたくさんいる会社と、問題のあるスタッフが多い会社に二極化しているのです。

スタッフ問題で慢性的に悩んでいる経営者（店長）は、「うちの業種は人気がないから……仕方ない」「このエリアは人がいない」「うちのような中小企業では……」と愚痴をこぼしますが、はたしてほんとうに「業種・業態」「エリア」「会社の規模」だけが原因でしょうか。

たしかに、業種やエリアの特性によって、優秀なスタッフが集まりやすい人気の業種や、逆に不人気の業種があるのは事実です。しかし、格差の原因はそれだけではないようです。

コンサルタントとしていろいろな会社を訪問していると、同じような業種業態で、給料（時給）もたいして変わらないのに、A社では優秀なスタッフが定着しイキイキ働いている。一方、B社では優秀な人材が集まらず、慢性的な人不足で、活気がないスタッフばかり、という現象を目の当たりにします。

業種業態や規模に大差がないのにスタッフ間の優劣があるとなれば、原因は「人材戦略（採用・育成・定着への取組み）」の違いにあると断言してもいいのではないでしょうか。

そこでは、正社員とパート・アルバイトの間に差はありません。お客様の視点に立てば、正社員であろうと、パート・アルバイトであろうと「お店の人」に違いはありませんし、そもそも「パート・アルバイト」は正社員と比べて、能力が低いわけでも、モチベーションが低いわけでもないのですから、「人材戦略」の基本は同じです。

とはいえ、パート・アルバイトは労働時間の制約等、正社員とは若干の違いがありますので、本書ではパート・アルバイトに焦点を絞り、

1章で「人材戦略の基本」

2章で「優秀なスタッフを採用する方法」

3章で「スタッフを戦力化する方法」

4章で「優秀なスタッフを定着させる方法」

5章で「スタッフの評価・処遇方法」

をご紹介していきたいと思います。

もくじ

小売・サービス・飲食業のための
パート・アルバイト「採用・戦力化・定着化」マニュアル

はじめに

1章　会社繁栄の鍵は「スタッフ」にあり

2章

優秀なスタッフを集めるためには

3章

スタッフを「即時戦力化」するためには

4章

スタッフを長く定着させるためには

5章

人事評価・賃金制度をつくろう

カバーデザイン 志岐デザイン事務所
本文DTP ジェイアイ

1章

会社繁栄の鍵は「スタッフ」にあり

1 インターナルマーケティング（内部マーケティング）でいこう！

商売の基本は、「売れる商品」をたくさん仕入れる、あるいは製造して、「店独自の付加価値」をつけてより多くのお客様に買っていただくことです。ほとんどの会社・お店でそれを実現させるために、いろいろな取組み・投資を行なっています。

また、「お客様との良好な関係」を維持することにも労力を惜しむことなく、お客様の声に耳を傾け、常にお客様視点で改善意識を持ち「もっと喜んでいただくためには何をすべきか」を考え、たゆまぬ企業努力を続けているはずです。

●お客様とスタッフの関係づくりが重要

しかし、市場が成熟した今、商品や仕組みだけでは、充分な差別化が図りにくくなってきました。これからは、お客様とスタッフの関係づくりや、スタッフを介在した情緒的な

インターナルマーケティングの概念図

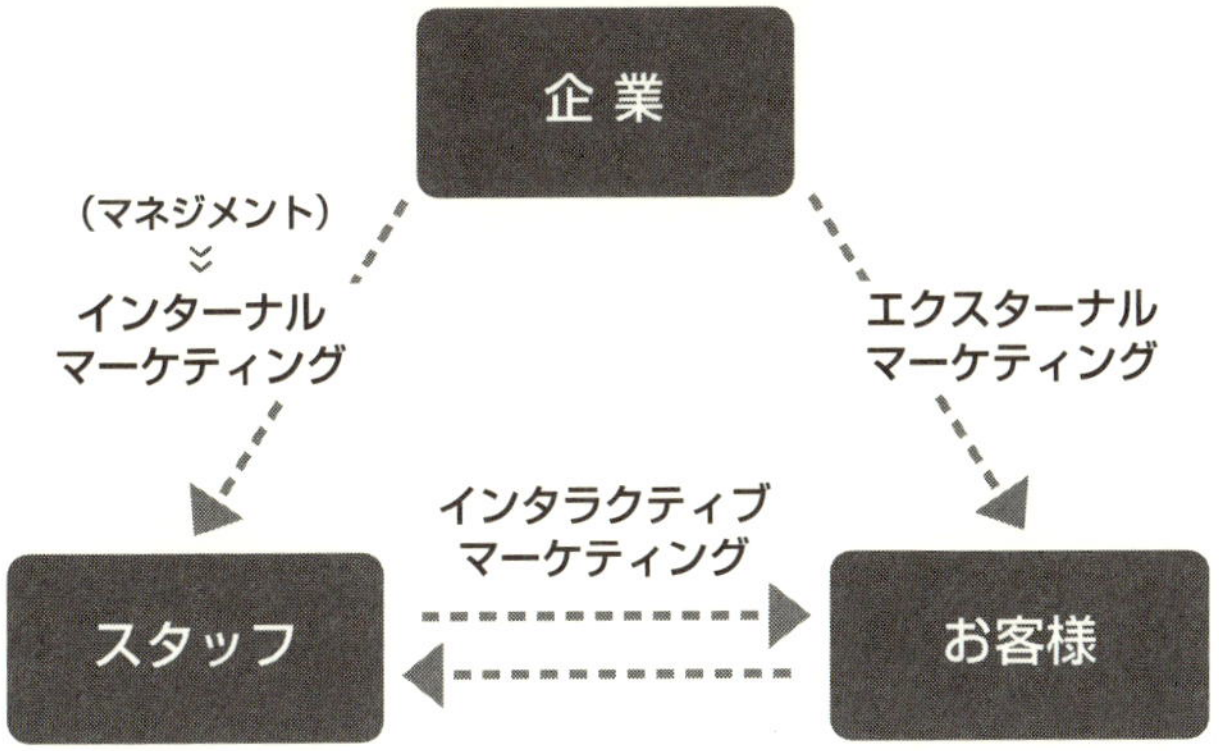

価値を付加していかなければ、競争に勝ち残ることができないでしょう。

しかし実態は、スタッフの仕入（採用）、高付加価値化（教育）、良好な関係の維持（定着への取組み）は、優先度が低いことが多いようです。

そこでお伝えしたいのが、「インターナルマーケティング」という概念です。

図のように企業からお客様への働きかけ（商品・価格・販促）を一般的に「マーケティング」と呼び、企業からスタッフへの働きかけを「マネジメント＝管理」と呼ぶことが多いようです。その根底には「使用者」と「従業員」という主従関係（上下関係）があります。

これに対して、インターナルマーケティン

グとは、企業の活動はすべて「マーケティング＝売るための仕組みづくり」であるという考え方です。

ですから、企業からスタッフへの働きかけは「マネジメント＝管理」ではなく、「インターナルマーケティング（内なるマーケティング）＝スタッフに素晴らしいサービスを提供するモチベーションとスキルを持たせること」であるという考え方です。そのためには、「パートナーシップ」を築くことが大原則となります。それが実現してはじめて、スタッフとお客様の関係性が高まり、結果的に業績（売上・利益）につながるという考え方です。

私の前職は化粧品販売会社のマネージャーでした。販売ノルマに追われる販売マネージャーにとって、直接商品を買ってくれるお客様は神様のような存在ですから、お客様（取引先）の多少のわがままには誠意を持って笑顔で対応します（できます）。

一方、自社の販売員は部下であり、マネジメント＝管理の対象です。ですから「自分の思い通りに働くのが当然」という気持ちが心のどこかにありました。

もちろん表面上は良好な関係を築いてはいますが、この気持ちが見えない形で相手に伝わっていたのでしょう。メンバーのモチベーションはあまり高まらず、結果として売上は上がりませんでした。

2

スタッフのロイヤリティが業績の鍵

私が船井総研に入社して最初のテーマは「優秀な販売員はどんな店頭活動をしているのだろうか？」「どうしたら売れる販売員を育成できるだろうか？」というものでした。

幸いなことに前職（カネボウ化粧品）には優秀な美容部員がたくさんいますので、本音の部分で売れる秘訣を聞き出そうと、直接、彼女たちに「なんで○○さんはたくさん売れるの？」「売れる秘訣は何？」「売れない人と何が違うの？」とヒアリングをしてみました。

商品知識？　美容理論？　会員管理？　誘導尋問をしましたが、ほとんどのメンバーから、想定していた答えは返ってきませんでした。

ほぼ全員の答えが「カネボウ（会社）が好きだから……」「うちの商品が好きだから……」でした。

少しマーケティングの話をすると、船井総研では来店されるお客様を4つのランクに区分しています。

最初のステップが「一般客」と呼ぶ関係です。一度でも自店で買い物をしていただいたら一般客ということになります。第2ステップは「知人客」と呼ぶ関係で、顔や名前を覚えているお客様です。そして第3ステップは「友人客」と呼ぶ関係で、友人関係（多少の無理をお願いできる関係）のお客様です。

そして最後は「信者客」です。文字通り信者客とは、商品・店はもちろんのこと、その根底にある企業理念までを信じ、心酔し、共感し、その業種業態では他のお店を使わない（裏切らない）お客様のことです。そんな信者客を多く抱えることができれば、他店と過度の価格競争をする必要もありませんし、集客や購買促進のためのプロモーションコストも最小限に抑えることができるのです。

つまり、お店はこの「信者客」の数だけ儲かると考えています。特に資本力の少ない小さなお店においてはどれだけ多くの「信者客」を持つことができるかが、成否の鍵であるといっても過言ではありません。

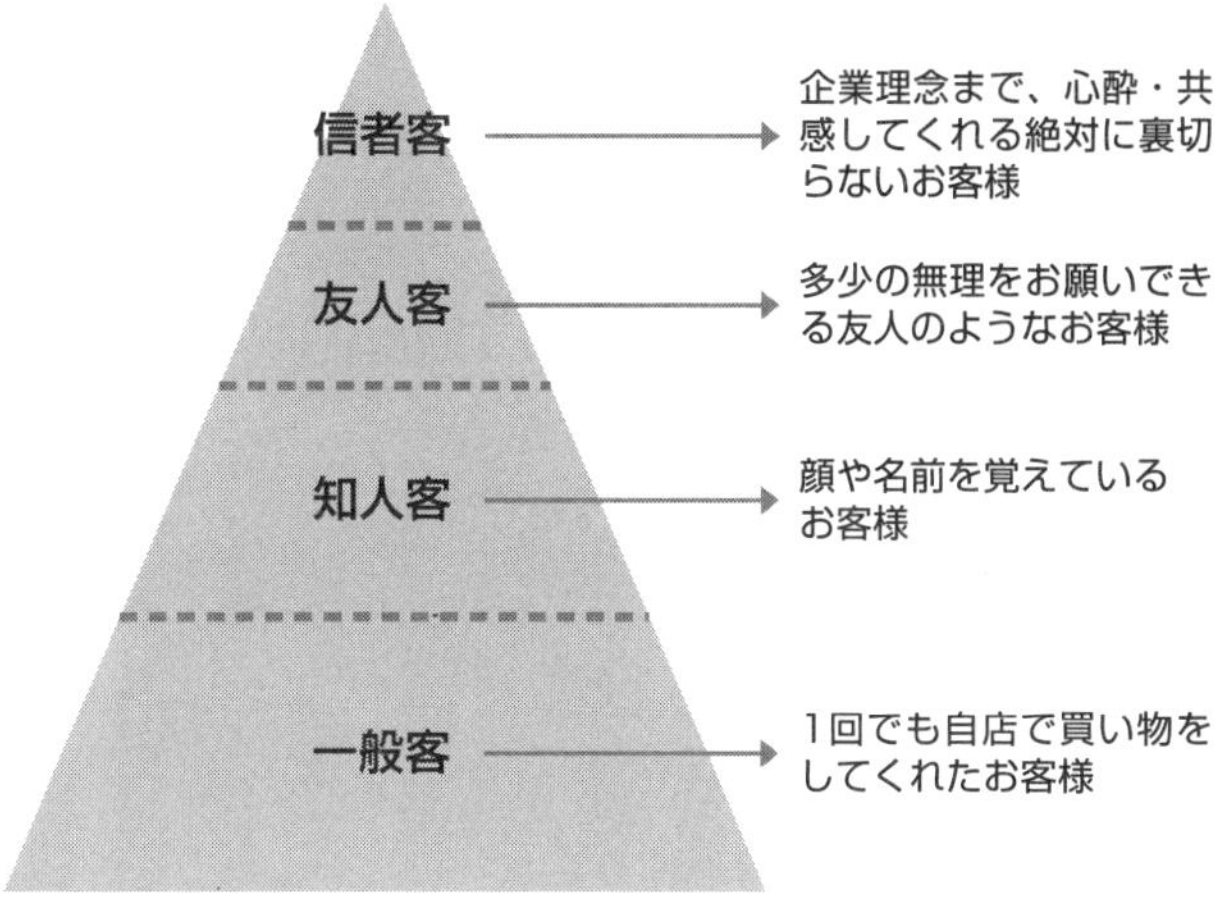

では、信者客をつくるのは誰でしょうか。

それはあなたのお店のスタッフに他なりません。当然のことですが、スタッフがお店の本当の信者でなければ「信者客」をつくることはできないのです。

スタッフは企業に雇われ、給料をもらっているのですから、信者を装っていますが、本当に企業理念・商品・店に心酔し共感している真の信者と言えるでしょうか。

現実には「偽信者」が氾濫しており、それが業績不振の原因になっているケースもあるのではないでしょうか。近年の内部告発も「偽信者の反乱」のように思えます。

信者スタッフをつくるのは企業（店）そして経営者（店長）に他ならないのです。

3 人材戦略の最終ゴールはスタッフの「信者化」

人材戦略のゴール（目的）は何でしょうか。ひと言で言えばスタッフを「信者」にすることです。

前項でお話しした通り、信者とは、自店で扱う商品やサービスだけではなく、根底にある企業の理念・価値観までを信頼し、愛し、そして周囲に広めてくれる人です。

そんな信者化したスタッフを1人でも増やしていくことが人材戦略の目的です。

働くきっかけが「お金＝給料」のためというスタッフは多いでしょう。給料が働く会社を選ぶ上で重要な要素となっていることは事実です。

ですから、高い給料を払えば優秀な人材を集め、ある程度のレベルの仕事をしてもらうことは可能です。

また、どんなに「がんばっているね」「期待しているよ」と語りかけても、給料が伴わなければその気持ちは伝わりません。給料は会社からの期待や感謝の気持ちを示す重要なバロメーターのひとつです。ですから、ある程度のレベルの仕事をしてもらうためには、適正な給料を支払うことは不可欠です。

●スタッフの「信者化」には物心両面でのケアが必要

しかし、お金だけのつき合いでも、給料を上げ続けなければモチベーションを維持することはできません。まして「信者化」することは不可能です。

言うまでもなく、「信者」に育てていくためには、物心両面での企業の地道な努力が必要です。

スタッフは「私たちを大切にしてくれる」「私たちに期待している」と思えるからこそ会社に共感し、信者になっていくのです。その「大切にしてくれる」「期待している」か否かの判断は、お金だけでも表面的な言葉でもありません。

一般的に「その人の本当に大切なものを知るためには、お金の使い方と時間の使い方を見ればよい」と言われますが、会社にも同じことが言えます。その企業（経営者と幹部）が、ハード・ソフト両面での働きやすい環境創り、教育、そして日常の関わりにどれだけのコストと時間をかけてくれるかで、会社の本音を見抜くのです。

まず「採用」について言えば、自社の理念にあった資質の高い人材がたくさん集まる仕組みをつくる必要があります。

この段階では、完全に企業は選考される立場です。資質の高い人材から「この店（会社）で働きたい」と思わせる必要があるのです。そのために人材（ターゲット）に向けて、自社の素晴らしさ、仕事のやりがい、働きやすさを訴求し応募に導くことです。

これはまさにマーケティングの手法そのものです。

次に採用面接です。採用面接はお見合いのようなものです。採用面接は企業が応募者をスタッフに値する人材か否かを見極める場であると同時に、応募者にとってこの会社が働く場として適しているか否かの品定めの場です。

面接時に、背伸びをして実態と違うことを約束してはいけませんが、応募者に選ばれるためのプラス要因をしっかり伝え、マイナス要因はできるだけ少なくすることは必要です。

満足要因	不満足要因
満たされることで、満足につながること	満たされて当たり前。満たされないことが不満につながること
・仕事のやりがい	・働きやすさ
・良好な人間関係	・ハード面の環境
・適正な評価	・給料

合わせて、応募者の本音を聞きだし「資質」を見極めることです。

「選ぶ」といったスタンスに加えて「選ばれる」スタンスも忘れてはいけません。これらにはちょっとしたコツがあります。このコツについては2章でご説明します。

●育成・定着にはまず「不」の解消

優秀な人材を採用できたら、優秀なスタッフへの育成・定着を戦略的に行なうことです。まずは、スタッフの不満、不快、不安、といった「不」の解消をすることが求められます。

具体的には、スタッフの働き方に合わせて労働条件・施設（ハード）を整備する、不安

①労働条件の整備 ………………… 給料・労働時間・休日

②施設（ハード）の整備 … 職場・スタッフルームの設備～空調までのハード全体

③仕事自体のやりやすさ … 仕事の標準化・教育の仕組み

↓

④仕事のやりがい … お役立ち実感・成長実感・会社の評価

や過度のストレスを感じさせないために仕事を標準化して、教育の仕組みを整備する。さらに、やりがいを感じてもらうための仕組みをつくり、日々の関わりを構築することです。

ここで大切なことは、優先順位は「不」の解消であることです。「不」の解消なしに、あれやこれやの施策を講じ「やりがい」を引き出そうとしても、あまり効果がありません。場合によっては「不」が増大してしまう危険性もあるので注意が必要です。それについては、3章～5章で述べていきます。

2章
優秀なスタッフを集めるためには

1 求人難の時代 スタッフのニーズを考えよう

●お店の事情とスタッフの事情は違う

経営者や店長から「うちの店は余裕がないから、一人二役、三役といろいろな仕事をしてもらわないと困ります。だからそういう人材でないと……」という話を聞きます。

たしかにお店の事情はその通りであると思います。

しかし、皮肉な言い方かもしれませんが、ある程度高い給料を取っている幹部ならいざ知らず、パート・アルバイトから言わせれば、それはお店の都合であって、自分に関係のないことです。極端な言い方をすれば「だから、ここでは働きたくない」ということになってしまいます。

飲食店で言えば、「働いてもらいたい時に働いてくれる」「厨房もできるし、忙しいとき

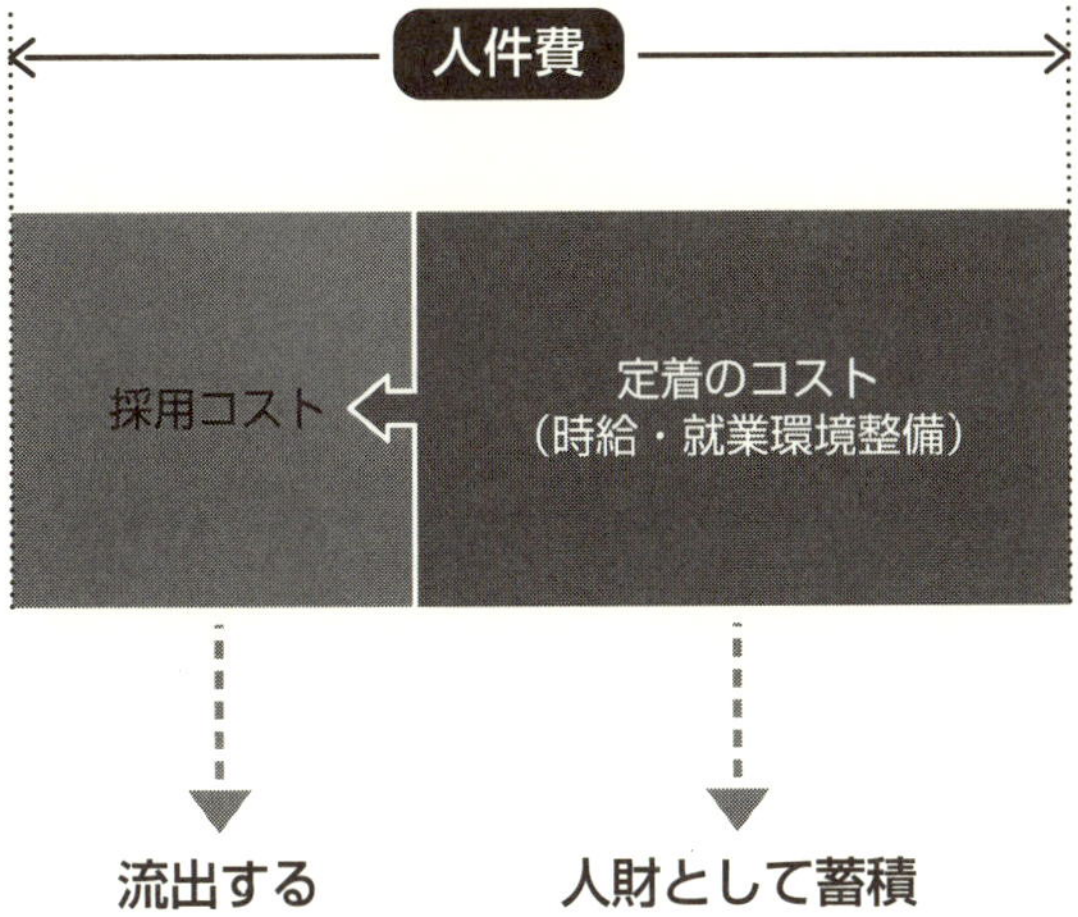

はホールもできる。トイレ掃除だって嫌がらない」、そんなパート・アルバイトがいればいいのでしょうが、なかなかすべての条件にかなう人材は見つかりません。

見つかったとしてもすぐにやめてしまいます。

理想を求めて「ないものねだり」に時間や募集・採用コストをかけるのであれば、発想を転換して、採用しやすさを考えて、抜本的に業務的分業・時間的分業、人員配置の見直しが必要なのではないでしょうか。

そもそもパート・アルバイトという雇用形態を選んだ理由は、「正社員になりたいけど、正社員として雇ってもらえないから」というものから、「家庭の事情等で時間的な制約があるから」「責任を負いたくない。気楽に働きたい」「本当にやりたい仕事を探している」「学生だから」といったものまでさまざまです。

ですから、生活における仕事の位置づけや、仕事の価値観がまったく違うことを前提に人員配置・採用戦略を考える必要があります。

2　求人広告はマーケティング発想で考える

●仕事を探す人にまず自店を知ってもらう

店頭に「スタッフ募集」のポスターを掲示したり、職業安定所に求人票を出すだけで、「いい人材が来てくれない」と嘆いても何も変わりません。

お店が人気の職種や立地であれば、店頭ポスターだけの求人も可能かもしれません。あるいは高齢者採用ならば、職業安定所の求人票提出だけである程度優秀な人材が集まる可能性もあります。しかしそれは特殊なケースと考えてください。

人材選びをするためには、「認知」「興味」「検討」のプロセスを経て、応募してもらうことを考えなければなりません。

まずは仕事を探している人に、自店の存在を知ってもらう必要があります。次に労働条

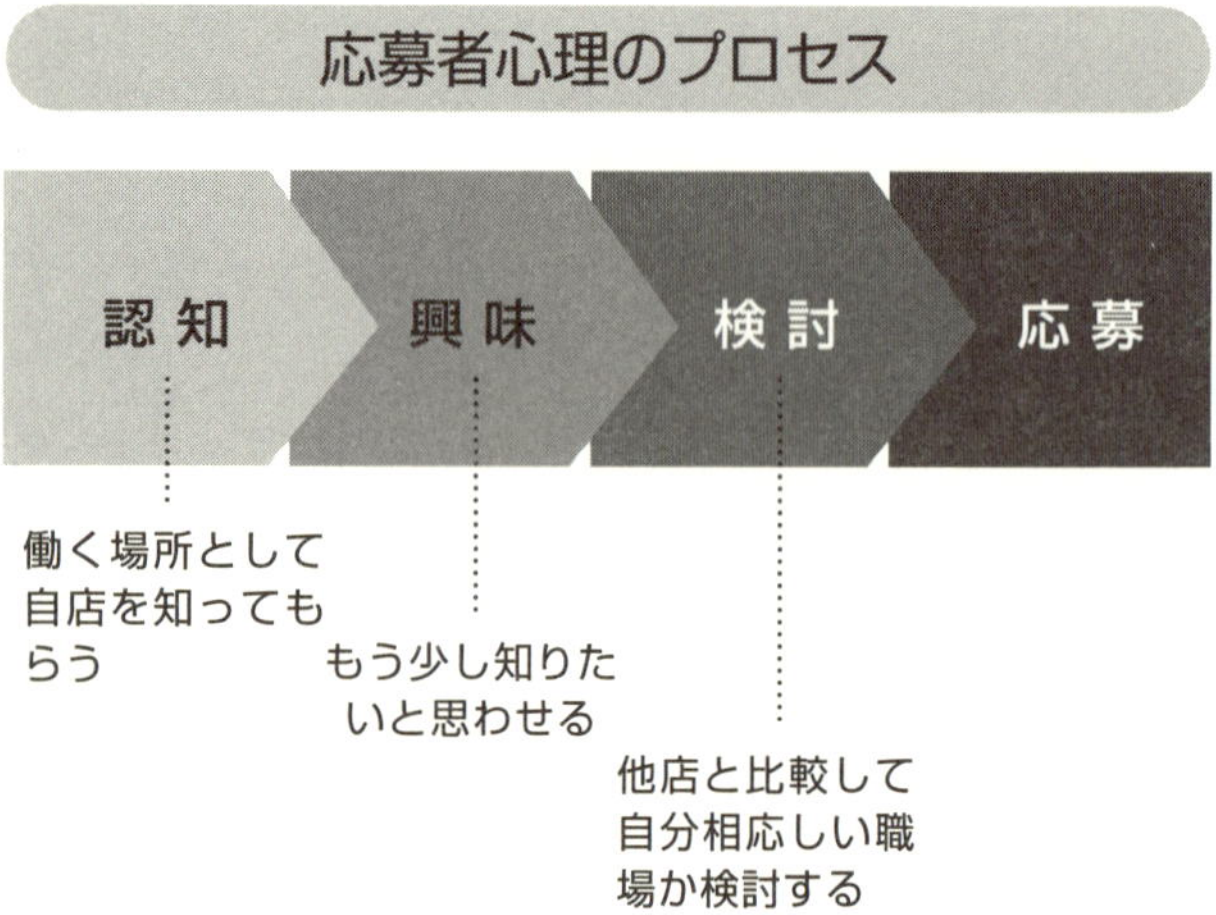
応募者心理のプロセス
認知
興味
検討
応募
働く場所として自店を知ってもらう
もう少し知りたいと思わせる
他店と比較して自分相応しい職場か検討する

件、労働環境（物心両面）の情報を比較検討し、そして「この店なら働いてもいいかなあ」と思わせて、最終的に電話をかける、採用面談に足を運ぶ行動（応募）を起こさせるのです。

少ないコストで効率的に応募まで誘導するためには、仕事を探す人に自店を訴求する「マーケティング的発想」が必要です。

●求める人材像を明確にする

一般的にマーケティングで最初にやるべきことは、ターゲットの明確化です。求人活動でもまったく同じことが言えます。

たとえば、お金のために働こうとする人に、アットホームな職場環境をメインに訴求しても効果は期待できません。また、仕事を通して成長したいと考えている人に、「高給」をメインに訴求しても効果はありません。

求人広告のターゲットは、「仕事を探している人」ですが、前項で触れた通り、一概にパート・アルバイト選びといっても、そのライフスタイル・仕事の価値観によって、仕事選びの基準はまったく違います。

ターゲットの志向に合わせた訴求が必要なのです。

自店が求める人材（ターゲット）を明確にすることで、はじめてそのターゲットの関心事、価値観に焦点を合わせて、労働条件（勤務地・時間・給料・仕事内容）や応募方法といった基本情報と、「欲しい人材（こんな人を求めています）」や「仕事のやりがい（こんなに楽しい仕事です）」や「職場環境（こんなに楽しい職場です）」などの必要情報を提供することができるのです。

パート・アルバイトであっても、仕事を選ぶという重要な決断をさせるのですから、相手の選考基準は厳しいのです。ターゲットが不明確なまま、ただ漠然と情報発信をしても、数ある職場の中から選んでもらうことはできません。

求人広告は、定型的なパターンで簡単に入稿しがちですが、しっかりとターゲットからの視点で、必要な情報・魅力のある情報が伝わっているかを確認することが必要です。

3 欲しい人材に合わせた効果的な求人媒体を選ぼう

求人広告を出すにあたって、広告内容はもちろん大切ですが、まずは、仕事を探している人の目に触れなければ意味がありませんので、まず考えるべきことは「求人媒体をどう決定するか」ということです。

「けっこうお金をかけて求人広告を出しているが反応がない」という話をよく耳にします。反応がない理由として①職種自体の人気の有無、②広告の演出方法の良し悪し、③労働条件等の問題、などいろいろなことが考えられますが、そもそも「求人媒体」として適切であるかどうかという検討をしてみることが必要です。

ここでいう「最適」とは、「自店の欲しい人材がその媒体のターゲットと一致しているか」ということです。

求めるターゲットと違うターゲットに対していくら声高にアピールしたところで、何も意味はありません。

●フリーペーパー、ネットなど、媒体ごとに特徴がある

ひと口に求人広告といっても、さまざまな広告会社がさまざまな情報手段（新聞折込み、求人誌、フリーペーパー、ＰＣネット、モバイルネット）で、仕事を探している人に対して情報を提供しています。

どの会社のどの媒体にも特徴（メリット・デメリット）があります。一般的には、軽作業等の短期バイトは「モバイル」、事務系は「ＰＣネット」、飲食店や小売業は「フリーペーパー」と言われていますが、これはあくまでも一般論にすぎず、欲しい人材によって最適な媒体は変わります。

何度も求人広告を出しているのに反応がない、あったとしても自店の求める人材とは程遠いというのであれば、求人をかけるエリア等も含め媒体を検討してみる必要があります。

4 他社の引き立て役になっていないか？

●同業種特集ページへの掲載のメリット・デメリット

折込みやフリーペーパーなど紙ベースの求人広告では、同じエリアで、同じような業種・職種の求人広告が隣同士で掲載されるのが一般的です。

仕事探しをする人は、ある程度希望する業種・職種を絞り込んだうえで探しているのですから、狙ったターゲットの目により多く触れるためには、まったく違う職種・業種の掲載された紙面（ページ）よりも、「飲食店特集」「販売特集」「○○地区版」「○○地区特集」など、特集ページや特集号に掲載するほうが有効です。

しかし、それは同時に求職者にとっては、労せずにいろいろな会社の比較検討が可能になるということになります（だからこそ目にする確率も高くなるのですが）。

実際に求人誌を見ていると、隣に掲載している会社の「引き立て役」として掲載されているのではないかと思える求人広告を見かけます。

つまり、その1ページの紙面を見ただけで「この会社はやめておこう」という判断材料を自ら提供しているのです。

●「時給応相談」が応募者に与える印象は？

たとえば、次ページのように、仕事内容もその他のアピールポイントもほとんど変わらないのに、時給だけが50円安くなっているというケースです。

気をつけなければいけないのが、「応相談」というひと言で、安易に片づけてしまうことです。

「応相談」という言葉は募集する側にとって非常に便利な言葉で、つい多用しがちです。こういう広告をつくる側の言い分は、既存スタッフの現状給料との絡みで、高い時給を表示できないということなのでしょう。

そして、これはあくまでも最低限の金額を記載しただけできちんと「○円～」「応相談」「昇

アパ　**スタッフ**

［勤務地］　スーパー○○屋　○○店

［仕事］　**惣菜等の製造及び販売**

［時給］　**850円～**

（18:00以降　990円～1,060円）

［時間］　①8:00～16:00　②15:00～23:00

※短時間もご相談ください

［待遇］　賞与年２回　社会保険完備　交通費支給　制服貸与

☆土日のみ可　☆未経験者大歓迎

☆週２日からOK　～５日の勤務で相談に応じます

［応募方法］　まずはお電話にてお気軽にお問合せください。

受付時間／10:00～18:00　土日も受付しています。

スーパー○○屋

〒●●市○○町1-2-3　TEL●●●-○○○-1234　採用係

アパ　**スタッフ**

未経験者大歓迎！！　［勤務地］　○○スーパー○○店内

［仕事］　**お弁当の調理及び販売**

［時給］　**800円～**　能力に応じて昇給あり　応相談

（18:00以降　990円～1,060円）

［時間］　8:00～23:00までの間で１日６時間程度

土日勤務出来る方優遇します

※短時間もご相談ください

［待遇］　交通費支給　制服貸与

家庭的で働きやすい職場です！

［応募方法］　まずはお電話にてお気軽にお問合せください。

受付時間／10:00～18:00　土日も受付しています。

お惣菜の店　○○屋

〒●●市○○町1-2-3　TEL●●●-○○○-1234　採用係

給あり」と書いてある、また、今のスタッフより優秀で、欲しい人材が応募してきたらもっと高い時給にするつもりだと考えています。

しかし、求職者はある面「職探しのプロ」ですから、「800円〜」と記載されていれば、当分は800円なのだろうなと想像します。

お金だけで職場を選ぶわけではありませんが、そのお店（企業）に対してよほどの思い入れでもない限りは、安い給料を選択することはありません。

広告代理店の営業とよく相談をして、近隣の賃金等の情報をしっかりと収集して「引き立て役」にならないように気をつけてください。

5 口コミ（紹介）による募集

求人コストは、新しい人材を採用していくうえで必要なコストですが、できるだけ無駄な求人コストは抑えたいものです。

私のコンサルティング先の企業で、年間200万円以上（売上の3％強）の求人広告費を使っている飲食店がありました。それでも十分な人材確保ができず、チャンスロスや、サービス品質の低下から売上を落としている状況です。人員不足はスタッフへの負荷になり、さらに離職率が高くなるといった悪循環に陥っていました。

おそらくマイナスの口コミが広がっていたことや、既存スタッフのモチベーション低下もあったのでしょう。「このままではマズい」と地域の賃金水準を若干上回る時給設定にしましたが、手遅れでした。まさに無駄な求人コストの使い方をしてしまったのです。

別のコンサルティング先では、大学生バイトの時給は周辺のお店と比較して100円ほど高く設定していますから、比較的人員確保が容易です。経営に余裕があるからできること、と言ってしまえばそれまでかもしれませんが、純粋にコストを考えてみます。

時給だけで考えれば、100円／時間の人件費高ということになりますが、実は、そのお店は求人コストをほとんどかけていません。代々メンバーの大学の先輩から後輩へと引き継がれているのです。

1回あたりの広告コストを8万円だとすると、口コミで1回の求人広告を減らすことにより、時給100円で800時間相当、時給50円であれば1600時間相当の原資が生まれるのです。

つまり、求人コストと人件費コストの違いであり、総コストは変わらないということにもなります。むしろ定着率が高まることで教育の手間がかからなくなることまで考えれば、高い時給設定のほうが低コスト経営であるともいえるのです。

もちろん、時給を上げるだけでは口コミ（紹介）を増やすことはできませんが、有効な費用の使い方は考えたほうがよいでしょう。

6 基本情報はわかりやすく伝えよう

店頭で、次ページのような「パート募集！　お気軽にお問い合わせください」とだけ記した求人ポスターを見かけます。

これは極端な例かもしれませんが、何の情報もなく「うちで働きませんか？」と言われても、検討のしようがありません。

「時給」「時間」「休日」「仕事内容」「連絡先」「応募条件」などの基本情報は、しっかりと明示しておく必要があります。

①給料は明確に示す

たとえば、「時給750円～1500円」といったように時給の幅が大きすぎると怪しさを感じてしまいます。時給に幅があるときはその理由を書いておきます。

店頭募集ポスター

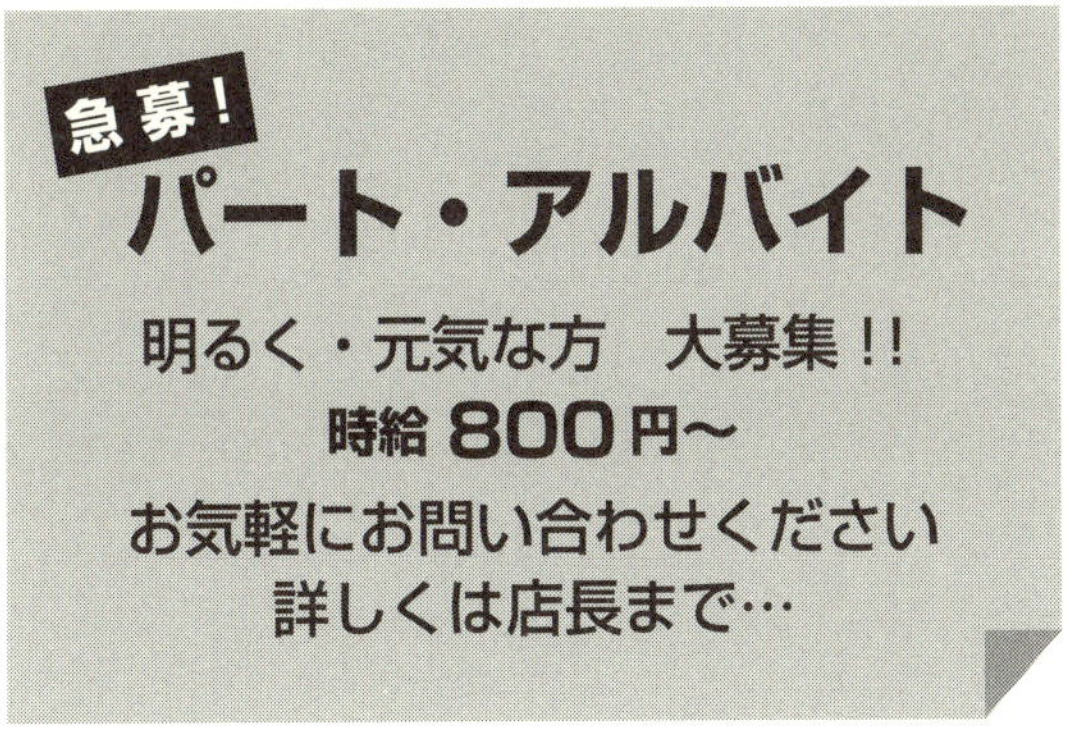
急募！
パート・アルバイト
明るく・元気な方　大募集！！
時給 800 円～
お気軽にお問い合わせください
詳しくは店長まで…

給料幅が広すぎる広告

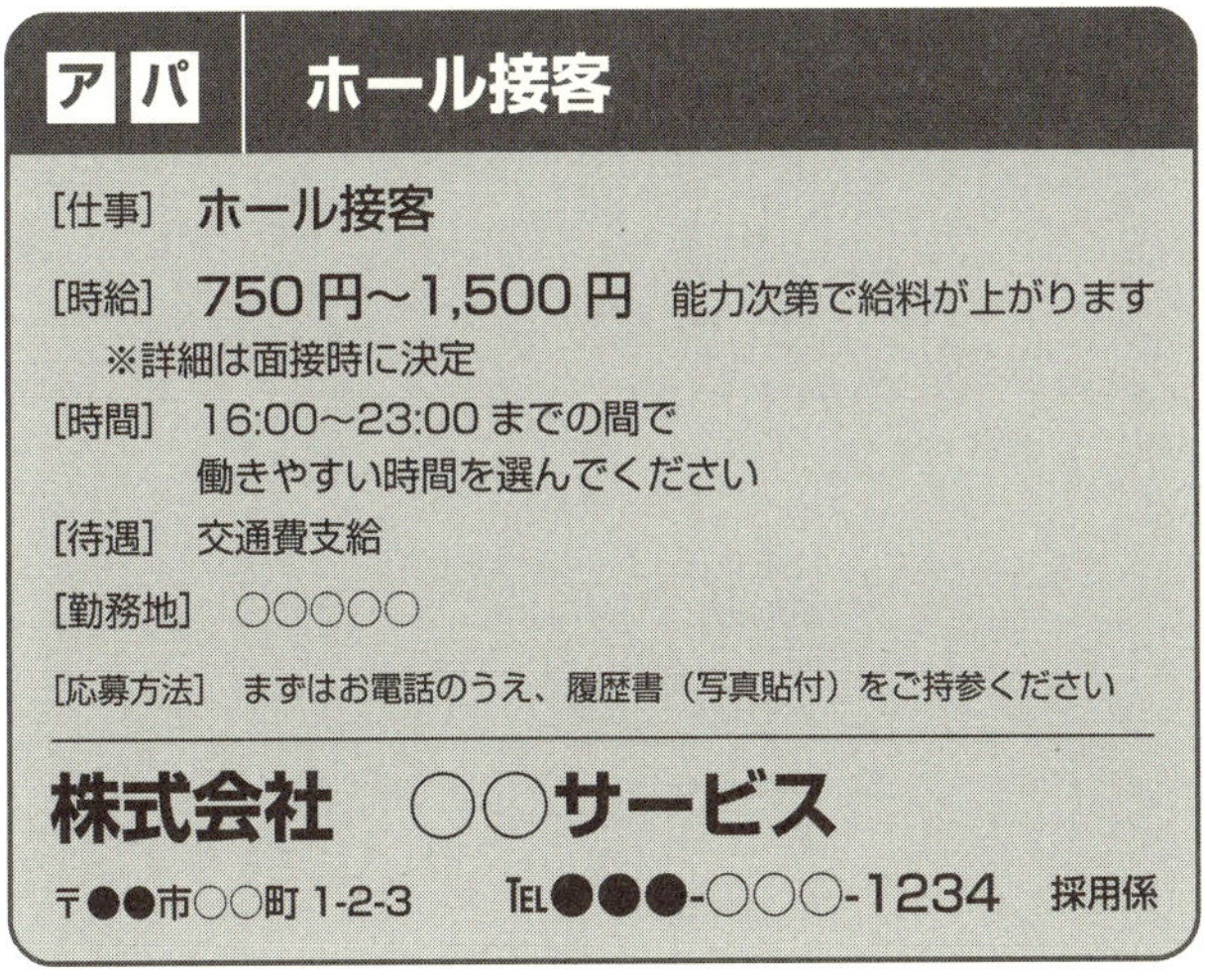
ア パ
ホール接客
［仕事］ ホール接客
［時給］ 750 円～1,500 円　能力次第で給料が上がります
※詳細は面接時に決定
［時間］ 16:00～23:00 までの間で
働きやすい時間を選んでください
［待遇］ 交通費支給
［勤務地］ ○○○○○
［応募方法］ まずはお電話のうえ、履歴書（写真貼付）をご持参ください
株式会社　○○サービス
〒●●市○○町 1-2-3　TEL●●●-○○○-1234　採用係

職種によって時給が違う場合は「①ホールスタッフ800円、②皿洗い700円」というように職種ごとに時給を提示します。時間帯や曜日によって時給が違う場合は「①15：00〜22：00まで800円、②22：00以降1080円」や「①平日800円、②土日祭日900円」など、しっかり提示します。

②昇給も記載する

長期間働きたいと考えている人材を募集する場合、昇給制度があればプラスポイントです。そういう制度があれば記載します。その際「6ヶ月後に昇給（平均50円）あり」など、支給額や昇給時期を具体的に提示したほうが信頼感が増します。

さらに、賞与制度があればプラスポイントとなります。業績変動などの理由で明確に約束できない場合には、「年末報奨金制度あり：パート一人平均1万円（昨年冬実績）」など昨年実績を提示します。

③仕事内容を具体的に示す

自店やこの業態を知らないことを前提に、どのような仕事かを示します。できれば「販売スタッフ募集」にとどめず、「販売スタッフ（流行アイテムを紹介するお仕事です）」と、仕事の内容をイメージできるように訴求します。

その他、応募条件、労働日（休日）、時間なども具体的に提示したほうが信頼感が増します。

これら基本情報が応募者の視点でわかりやすく書かれているか再確認しましょう。

7 仕事の魅力を訴求しよう

地域水準や業界水準を上回る時給や労働時間等の条件を掲示しても、それが破格な好条件でもないかぎりは、最終的な応募にはつながりません。それでようやく予選通過、第1次審査通過という段階です。

前章で触れた通り、時給やその他労働条件は「不満足要因」でしかありません。「動機づけ要因」となる仕事自体のやりがいや、職場の楽しさなどを訴求して、期待を持たせることが必要になってきます。

そのためには、次の5つのことに配慮した求人広告を打ち出すことが必要です。

①キャッチコピーは前向きな表現

②欲しい人材像を明確に伝える

③自社の特徴（業務内容）を訴求
④職場の雰囲気を伝える
⑤仕事を通じて成長できることを訴求

「記載することがない！」としたら、今すぐつくることです。これなくして採用はできません。

①キャッチコピーは前向きな言葉で

「今すぐ人が欲しい」という気持ちはわかりますが、「急募！」というキャッチコピーは、お勧めできません。「急募」と打ち出すのであれば、「新規オープン」「改装キャンペーン」など、何らかの大儀名分が必要になります。そうでなければ、応募者に裏を読まれてかえってマイナスの印象を持たれます。特に、毎度毎度の「急募」は要注意です。

②欲しい人材像を明確に伝える

時々、求人誌で「誰でもできる簡単な仕事です」というキャッチ訴求を見かけます。シルバー人材や、短期雇用の人材でまかなえる軽作業の場合はその限りではありませんが、本書を読んでくださっているお店の経営者や店長には、あまりお勧めできません。

極端な言い方かもしれませんが、「誰にでもできる仕事」だけの訴求は、「うちの仕事は、簡単な雑務です。しかもあなたには大して期待してないし……とりあえず頭数が揃えばいいんだけど……うちで働きませんか？」と訴求しているようなものです。

はたしてそのような誘いに乗って、応募してくる人がいるでしょうか。気軽さを打ち出すことで応募の窓口を広げているつもりが、かえって応募意欲を下げてしまっていることさえあるのです。

また、仮にほんとうに「期待できない（望んでいない人）」を採用してしまえば、後々の苦労を背負い込むことにもなりかねません。しっかりと、自店の望む人材像を明確に示して、打ち出すことが必要です。

とは言っても、欲しい人材には「人間性（性格含む）」と「スキル（経験含む）」の2つの視点があります。現実的にできるだけ「即戦力」が欲しいところではありますが、求人広告の段階では、「スキル（経験）」を前面に訴求して間口を狭めるより、求める人間性を訴求して人材を採用して、後から必要なスキルを教えていったほうが、上手くいくようです。

「明るく元気な人募集」「○○が好きな人集まれ！」など、欲しい人材像を示すことは、この求人対象は「あなたのことですよ」と訴えることです。マーケティング上のアイキャッチ効果、注意喚起の観点からも重要なポイントです。

③自社の特徴を訴求

自店の特徴を訴求し、企業自体の信頼感を高めるのに、「経営理念」や「経営方針」を発信することは有効な方法です。採用対策のためだけに、現実とかけ離れた「経営理念」をつくるのはいかがなものかと思いますが、もし今なければ、採用を機に「経営方針」を打ち出してみることです。

④職場の雰囲気を伝える

職場の雰囲気を伝える手っ取り早い方法が「写真」です。今働いている人の顔がわかる写真を載せます。証明写真のような形式的な写真ではなく、仕事中の何気ない笑顔の写真が効果的です。求人広告用に写真を撮ろうと思うと、どうしても堅苦しくなってしまうので、日頃より写真を撮りためておいてベストショットを掲載しましょう。

時々、店舗の内外装の写真を載せている求人広告を目にするケースがありますが、よほど斬新でもない限り、あまり効果がありません。

⑤仕事を通じて成長できることを訴求

仕事を通して「○○ができるようになる」といった成長できることをアピールすることも効果的です。何も思いつかなければ「素晴らしい仲間ができる」でも結構です。

仕事を通じて本人にプラスになることを探してください。

「関係のないイラスト」や「イメージ写真」は必要ありません。

限られた紙面ですから、すべての情報を載せることが不可能なら、応募者が望む必要な情報から優先順位をつけて載せていってください。

実際の面談時や採用後に「どこに惹かれたか」を確認してみることをお勧めします。

8 反響・問い合わせへの対応をスムーズにしよう

次は、数ある求人広告から興味をもった応募者との面談です。

応募者が「自店に適した人材であるか（採用するか否か）を判断する採用選考面談」であると同時に、「自店で働くことの最終意思決定させるためのアピールをする場」でもあります。

まずは、応募者からの電話等による反響・問い合わせにしっかり対応し、スムーズに面談まで誘導しなければいけません。ファーストコンタクトの時から、自店の評価（ここは自分が働くお店であるかどうか）がはじまっています。

ここでマイナスの印象を与えないような準備が必要です。

～ 電話応対例 ～

①お問い合わせいただいたことに対する感謝・歓迎の気持ちを伝える

「お問い合わせいただきありがとうございます」

②責任者不在をわびる

「せっかくお問い合わせをいただきましたが、あいにく店長の山田は不在です」

③相手の連絡先、連絡の都合のいい時間帯を確認する

「後ほど店長の山田よりご連絡させていただきますので、ご連絡先とご都合のよろしいお時間をちょうだいできますでしょうか?」

①一次対応

予選落ち（不信感を招く）しないようにするために、既存スタッフに求人活動を行なっていることを周知しておくことが必要です。

また、求人広告に記載されている担当者が不在時の対応方法についてもしっかり決めて、全員に徹底しておくことが必要です。

間違っても、「はあ？　私はわからないので、店長がいるときに連絡ください」というような対応にならないよう準備が必要です。

②面談日を決める

学生アルバイトや店頭での求人ポスターでの募集、期間パートの採用選考以外では、事前に「履歴書」をもらうことをお勧めします。

どうしても採用に緊急性がある場合は面談日当日持参でもやむを得ませんが、できるだけ事前に郵送してもらうことをお勧めしています。

これには2つの意味があります。ひとつ目は応募者の基本マナーがどの程度身についているかを、履歴書の作成と郵送の仕方で判断できるからです。職種にもよりますが、最低限のビジネスマナー（躾）ができていないと、後の育成段階で苦労することになります。

もうひとつ、「きちんと選考させていただきますよ」というメッセージでもあります。

そして、「履歴書」到着後2日以内にこちらから面談日の連絡を入れることを告げて、履歴書の到着を待ちます。2日以内に連絡するのが妥当なラインであると考えています（待たせすぎると時間にルーズな会社だと思われてしまいます）。ファーストコンタクトから、1週間〜10日以内に面接を行なうようにスケジュール化します。

9 面談の進め方
第一印象を大切に

わずか30分程度で、応募者は「働くに相応しいお店であるかどうか」を判断するわけですから、仕事の内容や雇用条件、就業条件はもちろんのこと、第一印象がとても重要になってきます。

第一印象で「この会社で（この人と一緒に）働きたい」と感じてもらうことです。

①全員で対応する

面接官である店長だけでなく、既存のスタッフ全員が気持ちよく応募者を迎える必要があります。応募者は多少なりとも緊張しているはずです。そんな時に、こちらには悪気はなかったにしても、チラリと横目で見て知らぬ振りをされたらどんな気持ちがするでしょうか。求人広告に書かれた「仲間になりませんか？」が虚偽広告に思えているはずです。

普段から挨拶を徹底しておくのはもちろんのことですが、面談者が来訪することを伝えて、全員で新しい仲間（候補）を迎える体制をつくっておきましょう。

②面接官の身だしなみ・表情・態度

面接官が応募者に媚を売る必要はありませんが、「選んでいる」という見下した態度は厳禁です。終始穏和な表情を保ちながら、自然な会話の中から、応募者の「人間性」や「能力」を聞き出していくことが求められます。

当然のことですが、「清潔感」のある身だしなみであることも最低条件です。

③面接場所の整理整頓

面接場所の整理整頓・準備は事前に行ないます。

応募者が来訪してから、その目の前で面談場所である机の上のモノや書類を片づけはじめるのは厳禁です。事前に約束しているのですから「あなたをお持ちしておりました」という姿勢を見せるのがマナーです。それがマナーであることを知らないような応募者ならば、お客様への対応も推して知るべしです。

また、「すいませんね〜、忙しくて片づける時間がなくて……」と言い訳するのは最悪です。仕事のバタバタ感が伝わり、段取りの悪い会社（お店）と思われてしまいます。大切なお客様をお迎えするのと同じように、事前に面談場所をしっかり整理整頓しておきましょう。

もし、面談に必要な資料や書類があれば、事前に準備して、すぐに取り出せる状態にしておいてください。

④時間厳守

面談時間（特に開始時間）は厳守です。応募者が来ているのに、待たせてしまうのは厳禁です。「時間にルーズな会社」という印象を与えます。また「スタッフに対して横暴な会社」という印象を与えます。

面談の終わりの時間を事前に示してあげることも大事です。「30分ほどお時間いいですか？」と事前に伝えておくことです。詳しくは後述しますが、「時間を大切にする」ことは非常に大切なことなのです。

⑤お茶出し

30分程度の面談であれば、必ずしもお茶を出す必要はありませんが、面接官が自分だけ、飲み物を片手に面談するというのは問題があります。ペットボトルでも缶飲料でも面接官が面談中に飲み物を口にする場合は、必ず応募者にも提供してください。

些細なことですが、ちょっとした気遣いで印象は大きく変わります。

面接後に「条件が合わない」などの理由で応募者から辞退の連絡が入ることが多いようですが、事前に求人条件を見ているのですから、それは口実で、ほとんどは「一緒に働きたいとは思えない」というのが本音の理由と考えていいでしょう。

10 失敗しない面談の進め方

採用面談の基本スタンスは「対等」です。いくら人手が足りないといっても、問題のあるスタッフを採用してしまえば、業務に支障をきたし、サービス品質の低下や、他のスタッフに悪影響を与えるなど、後々の問題を背負い込んでしまうことになります。自店で働く最低基準をクリアしているかをしっかり見極めなければいけません。

①現場リーダーも同席する

特に、経営者が面接する場合や、面接官が現場の密着度が低い場合は、実際に一緒に働く現場リーダーを同席させます。

そのほうが応募者はお店を身近に感じることができます。また、いくら経営者がいいと思っても、一緒に働く（場合によっては指導する）仲間が納得できない人を採用したら上手くいきません。採用された人、受け入れる既存スタッフ双方に不幸なことになります。

②人間性で選ぶ

どうしても専門知識や技術が必要な職種でない限りは、人間性重視の感性で選んだほうが失敗しないようです。

人間的になんとなく疑問符がついたけど、同業種での経験が豊富だから、という理由で採用した場合の多くが、採用後にいろいろな不都合がおきています。

③不安を聞き出す

面談で欲しい人材を目の前にすると、入社してもらおうと力んで、この店で働くメリットを伝えることに偏りがちですが、30分程度の限られた時間内で、応募者に入社の意思決定をしてもらうには、「不安の解消」を意識した面談が必要です。

働くにあたってのさまざまな不安を取り除いてあげることができれば、自店のメリットを訴求しなくても、勝手に期待を膨らませて入社の意思決定をしてくれます。

ひと通りの仕事内容や労働条件を提示したら、できるだけ相手の話を聞きだすことに注力してください。

④不安には誠実に対応する

残業時間を気にしているとすれば、残業したくない（できない）というメッセージです。ノルマを気にしているなら、ノルマのある仕事は嫌だというメッセージです。

ここで、不安に思っていることが、相手の取り越し苦労であれば「残業は一切ありません」「ノルマはありません」と否定してあげればいいのですが、そうでない場合は曖昧にしてはいけません。

たとえば、一般的には些細なことに思える5分～10分の残業であっても、時間に制約やこだわりがある人にとっては大きな問題です。「5分～10分の残業になることはありますが、それ以上の残業はありません」とはっきりと誠実に伝えることです。

⑤規模を理由に言い訳をしない

「うちは零細企業だから××できない」「うちは小さなお店だから○○できない」という規模を言い訳材料にするのはＮＧです。

「規模が小さいから時給が低い？」「小さなお店だから休憩時間が取れない？」規模のせいにしないでください。応募者は「うちは零細だから……」の言葉を何度も聞いていると、他のこともすべてこのひと言で片づけられてしまうのだろうなと興醒めしてしまいます。

逆に「うちは家族経営だけど○○ができる」「うちは小さなお店だからこそ△△している」とプラスの発言をたくさんするように意識してください。

11 採用決定

学生バイトはともかくとして、それ以外の場合は、採用が決まったら、きちんと「労働条件」を通知しましょう。

経営者の中には「書面で残すと、あとあと権利を主張されるので困る」と考えて、口約束だけにしている人も多いようですが、書面があろうがなかろうが約束は約束ですし、約束を反故にしたら、モラルダウン・離職、最悪は労働基準監督署への駆け込みにつながることに変わりありません。

有給休暇など、時に雇用側に不都合なことをわざわざ書面に記載する必要はありませんが、『「法律」＞「雇用契約」』が大原則です。いかなる契約（約束）があっても、労使間の採めごとになった場合は、労働法で規定されている「労働者の権利」は、労働契約の記載の有無にかかわらず守らなくてはいけません。

それならば、誠意を示す意味も含めて、仕事内容・労働日・労働時間・時給等の重要な事項はしっかり書面で伝え、「きちんとした企業」をアピールするほうがいいのではないでしょうか。

労働条件通知書

平成　年　月　日

＿＿＿＿＿＿殿

会社名
代表者　　　　印

あなたを下記の条件で雇用します。

契約期間	平成　年　月　日～平成　年　月　日	
契約更新の有無	更新する場合がある・更新しない	
契約更新の評価基準		
就業場所		
業務内容		
勤務時間	午前　時　分～午前　時　分	
休憩時間	(　) 分	
所定時間外労働	あり・なし	
賃金	基本給	円 / 時間
	精勤手当	円
	毎月 (　) 日締切	毎月 (　) 日支払

3章

スタッフを「即時戦力化」するためには

1 期待を伝えよう

「所詮パート」の扱いでは、所詮以下の仕事しかしない

パート・アルバイトは、時間的な制約も多く、正社員に比べて負える責任範囲も制約があるので、完全に同じ仕事の与え方はできません。

しかし、意識レベルにおいては、責任感、経営参画意識、顧客志向、改善意識が正社員より劣っているわけではありません。

にもかかわらず、現実はパート・アルバイトを一括りとして、「正社員」と区分（「所詮パートはパート」と差別）して関わっていることが多いようです。

しかし、働く価値観や制約条件（家庭環境等）が個別にまったく異なるパート・アルバイトスタッフを、一括りにして「所詮パートはパート」という扱い方自体に大きな問題があるのです。

また、ヒトは本能的に期待に応えようとするものです。もちろん本人の資質や就業上の

制約条件にもよりますが、期待をすればそれなりに応えようとします。

反対に「所詮パートだから……」という関わり方をすれば、優秀なスタッフであっても「所詮以下の仕事」しか返してくれないのも当然といえます。

スタッフの戦力化を願うならば、しっかりと期待を伝えていくことが重要です。

●期待は言葉に出してはじめて伝わる

「期待を伝える」と言っても、それほどむずかしく考える必要はありません。たとえば、パート・アルバイトに単純作業をひとつ指示するにしても、この一見単純とも思える作業が、全体の仕事の中でどれだけ重要な位置づけにあるのかを説明してあげることで、期待を伝え、モチベーションを高めることができます。

また、些細なことを言えば、帰宅間際に「明日は忙しくなると思うからよろしくお願いしますね」と声をかけるだけでも期待を伝えることになるのです。

「所詮うちのスタッフはレベルが低いから……」と嘆いていても何も進展しません。まずは、期待を伝えていくことから始めましょう。

2 最強のパートナーに育成しよう スタッフの5つの条件

業種業態、また、そのポジションによって異なりますが、概していえば以下の条件を備えているスタッフがたくさんいれば、お客様に喜ばれ、利益の上がるお店になるのではないでしょうか。

①顧客満足度の高いスタッフ

お客様視点で、高レベルの顧客満足を提供できる、感性を持っている

②経営参画意識の高いスタッフ

経営者の視点で、会社の利益を考えて自主的に仕事に取組んでいる

③目標意識の高いスタッフ

売上目標、その他の企業目標に関心を持ち、その達成のために尽力する

④数字に強いスタッフ

経営上のさまざまな数字を理解して合理的、効率的に考えられる

⑤成長意欲の高いスタッフ

常に、高いレベルを目指して成長しようとしている

こんなスタッフがたくさんいれば、お客様から愛され、儲かるお店創りも容易に実現できます。しかし、最初からそんな優秀なスタッフはなかなか採用できないのが現実です。「ないものねだり」をしていても何も変わりません。2章で触れた通り、できるだけ人間性の高いスタッフを採用し、こんなスタッフに育てていく努力をしなければ会社の繁栄、未来はありません。

その第一歩が、前述した「スタッフへの期待を言葉にして伝えていくこと」なのです。

3 最初が肝心、身勝手な行動には毅然とした態度で接しよう

スタッフが安心できる働きやすい環境をつくることは大切ですが、お店が公器である以上、けじめは必要です。

「自店らしさ（店のこだわり）」を実現するためには、「ダメなものはダメ！」という毅然とした態度（指導）でいる必要があります。

クライアント先で時々、古参スタッフが顧客満足や自店利益を考えずに、自分たちの都合のいいように仕事をしている、しかし、経営幹部や管理者はそのことに危機感や不満を持ちながら見逃しているという光景を見かけます。

経営幹部は「○○さん（＝ベテランスタッフ）のやり方に問題があり、少なからず悪影響を及ぼしているのはわかっているのですが、注意しても聞かないし、あまり強く注意し

てふてくされて辞められたら大変だから、仕方ないのです」と諦め状態です。
こうなってしまったらスタッフは増長し、歯止めは利きません。
たしかに、増長してしまった悪癖は簡単に改善できません。だからこそ癖がつく前に「ダメなものは絶対ダメ」としっかり指導することが大切なのです。

●「叱る」「褒める」の正しい順序

中国にこんな寓話があるそうです。

ある国の王様と宰相の二人の指導者のお話です。あるとき宰相は、国王にこんな具申をしました。

「王様、人を束ね指導するためには、褒めるときは褒める、叱るときは厳しく叱る、この2つのメリハリが大切と言われています。そこで、王様は褒める役（いい人）を演じてください。私（宰相）は叱る役（嫌われ役）を演じます」

王様はこの提案を受け入れて褒める役を演じます。そして宰相は厳しく叱る役に徹します。

さて、いつも褒めている優しい王様の命令と、叱ってばかりいる厳しい宰相の命令、民はどちらのいうことを忠実に聞くでしょうか？

答えは「叱ってばかりいる宰相」です。そう、単に怖いからです。


そのことに王様は気づきました。そこで宰相にこう提案をしました。

「宰相、今度は役割を変えよう。私が叱る役をやる。宰相が褒める役をやろう」

宰相はこの提案を受け入れます。今まで厳しく叱ってばかりいた宰相は民を褒めます。

そして褒めてばかりいた王様は口うるさく叱り始めます。


さて、どうなったでしょうか？　いつも叱ってばかりいた宰相が褒めてくれるのですから、宰相は厳しいけど本当は優しい人なのだと、信望をえてますます民は忠実に宰相の言葉に従います。一方、王様は褒めてばかりで優しそうな振りをしていたが、本当は嫌な奴なのだと民は思います。

国民は言います。「あんな王様はいらない。宰相を王様にしよう」。かくして宰相のクーデターは成功です。

この寓話は極端な話かもしれません。しかし、最初に甘い顔を見せて、後から厳しく指導するのは、反発を受けやすく、いったんついた悪い癖を修正するのも大変です。反対に、最初に厳しく「ダメなものはダメ」としっかりと指導してよい癖をつけておけば、後に指導する必要がないので褒めてばかりの態度を維持することができるのです。

かくいう私自身も前職で失敗を経験してきました。

頭の回転が速く飲み込みのいい優秀な新人が入ってきたときに失敗は起こりました。当然、優秀（優秀そう？）な新人ですから、どんどん仕事を覚えていきます。時には教える前に仕事を身につけていきます。とにかく期待を持たせる新人です。

あるとき、このやり方はたしかに効率的であるが、利益視点でみると問題があると感じました。しかし優秀（優秀そう）なスタッフでしたので、その程度のことは大目に見てもいいだろうと、見て見ぬ振りをしてしまったのです。

これがつまずきの始まりです。

どんどんそのスタッフは自分に都合のいいやり方で仕事を進めていきます。こうなると大変です。その間違ったやり方がスタンダードになってしまうのです。

必要に迫られて、あるべきやり方に修正するのにかなりの時間と労力を費やしたことはいうまでもありません。

ここでお伝えしたいのは、最初が肝心ということです。「ダメなものはダメ」としっかり初期段階で伝えておくことの大切さです。

4 顧客満足度の高いスタッフに育てよう①
「基本の徹底」をしっかりしよう

●スタッフの言動で店の印象は決まる

顧客満足の高いスタッフを育てるための第1ステップは、「基本型の習得」です。ひと言で「基本の型」と言っても、取扱い商品・サービス内容、店舗コンセプトによって求められる接客レベルは異なりますが、最低でも75ページに示したレベルの「基本姿勢」や「基本用語」は徹底していただきたいものです。

基本レベルがしっかりできるまで、「お客様の前に出さない」という強い意志を持って、できるまでトレーニングしましょう。

お客様にしてみれば、目の前にいる「店員さん」が新人であろうとベテランスタッフであろうと関係ありませんから、「入店間もない新人だから」という言い訳は通用しません。

そのお客様のお店の印象（評価）は、自分の目の前にいるスタッフの言動で決まってしまうのですから、妥協は禁物です。

●「具体的行動」を教える

第2ステップは、基本の型を発揮するための「気づき力」です。

しかし、「気づき力を高めなさい」といくら指導しても、なかなか身につくものではありません。

特に、学生アルバイトなど社会経験の少ないスタッフには、具体的行動で指導していく必要があります。

たとえば「お客様が立ち止まって10秒以上キョロキョロしていたら、『何かお探しでしょうか？』と声をかける」とマニュアル化して指導することも必要ですし、声をかけるタイミングがわからないようであれば、そのスタッフの傍に立ち、声をかけるタイミングを実地で教えて、やらせることが必要です。

基本の型（例）

基本姿勢

待機姿勢	私語をしない
	きれいな立ち姿勢
	柔和な表情（笑顔）
	作業に没頭しない （常にお客様に気をくばる）

基本用語

お客様が 入店されたとき	笑顔で「いらっしゃいませ」「こんにちは」
お客様と すれ違うとき	「いらっしゃいませ」「こんにちは」の挨拶。 さりげなく気を配る
お客様に 何か言われたとき	「はい！　かしこまりました」
お客様を お待たせするとき	「少々お待ちください」
お客様を お待たせしたとき （1分以内）	「お待たせいたしました」
お客様を長時間 お待たせしたとき （3分以内）	「申し訳ございません。 大変お待たせをいたしました」
お客様に 何かお願いするとき	「恐れ入りますが、 ○○願いますでしょうか」
お客様の要望に 応えられないとき （失礼があったとき）	「申し訳ございません」
お客様が お帰りになるとき	「ありがとうございました［ございます］」

5 顧客満足度の高いスタッフに育てよう②
「イレギュラー対応」をしっかりしよう

本当に高いレベルの顧客満足を実現できているか否かの判断基準は、「イレギュラー対応」にあります。

また、お客様が、この店のファンになってまた行きたいと思うか、二度と行きたくないと思うかの分岐点も、イレギュラー時の対応の良し悪しにあります。

頻繁に起こるクレームやイレギュラー対応は、できるだけ予測して対応方法をマニュアル化しておくことで、ある程度の顧客満足度を維持することができますが、それでも予期せぬ事態が発生するのが現実です。

まず、左ページの4点を押さえておく必要があります。

イレギュラー対応が上手くできない理由は、担当するスタッフの経験やスキルの問題も

イレギュラー対応力強化のためのポイント

①イレギュラー発生時の各スタッフの裁量権限を明確にしておく

②イレギュラー発生時の連絡系統・指示系統を明確にしておく

③日々の教育のなかで「HOW TO」だけでなく「WHY」を徹底していく

④積極的な行動の結果のミスは責めない職場風土をつくる

ありますが、自分の裁量でどこまでやっていいのかわからないし、余計なことをしてお店から叱られるのではないか。イレギュラー発生時に誰に報告・相談をすればいいのかわからないなどのスタッフの不安に起因することも多いようです。

イレギュラーなことに迅速に対応し、その情報が経営幹部に正確に伝わるような社内体制やルールをしっかり決めておくことも必要です。

イレギュラー対応の経験は、顧客満足度の高いスタッフを育成するうえでの絶好のチャンスとも言えます。こんなチャンスをその場限りにしてはもったいないです。

イレギュラー	対応内容	気をつける点
欠品	お詫び 代替提案 （取寄せ・代替品…）	
商品クレーム	お詫び クレーム内容の確認 お客様の希望確認 （返金・商品交換） 再来店の提案	まず「申し訳ございません」と詫びる クレーム内容を確認 お客様の「怒り」がおさまっているか否かを確認

定期的なミーティングや勉強会を実施し、自分が経験したイレギュラー対応をお互いに発表し合い、店内で共有することも顧客満足スキルの高いスタッフを育成するために有効な方法です。全員集まって長時間の勉強会を開催しようとしても、継続するのがむずかしいのが現実でしょうから、短時間でも少人数もいいので、とにかくはじめること、継続することが大切です。

上のようなシートを使って進めると短時間で効果的に進めることができます。

6 経営参画意識の高いスタッフに育てよう

船井総研創業者の船井幸雄は、「1：1・6：1・6^{2}の法則」を唱えています。

ただ指示命令によって動く時の作業効率を「1」とすると、作業の目的（なぜやるのか？）や意義、主旨を理解した上での作業効率は、ただ指示命令で動いている時の1・6倍になり、さらに、自分も企画段階から参加して行なう作業であれば、1・6×1・6倍の効率が生まれるという法則です。

つまり、スタッフが経営の一員として参画意識を持てば、経営の効率、品質は飛躍的に高まるということです。

では、どうすればスタッフに「経営参画意識」を持ってもらえるでしょうか？

いきなり「参画意識を持て！」とスタッフに迫っても反発を招くだけです。

日常の仕事の中から「参画意識」を芽生えさせるような仕事の教え方、与え方をしていかなければ、いつまでたっても実現不可能です。

たとえば、自分の好きな商品をひとつ決めてもらい、その陳列方法、キャッチコピー、POPまで自分で考えてもらいます。すると思い入れが強くなり、その商品の売れ行きが気になってくるはずです。

ここで重要なことは、本人の知識・経験レベルに合わせてヒントを与えていくことです。何もわからない新人スタッフにいきなり「好きな商品を選んで、どこに陳列するかを決めて、キャッチコピーを考えて、POPを書いて……」と指示をしたら自信をなくし、かえってモチベーションを下げてしまいます。

最初は「POPは何色で書いたら売れるかな？」「どんなキャッチコピーがいいと思う？」といった簡単なことからはじめて、少しずつ考える範囲を広げていくことです。と同時に「成功体験」を味合わせてあげることです。スタッフに任せっぱなしにすることなく、スタッフの考えたことが成功するようにフォローをしていくことです。

このように成功体験（ときには失敗体験）を積み重ねて、スタッフ自身の考えや行動と、その結果（売上やお客様の満足）への関心を高めていくうちに、その延長線上にある経営全体に参画しているという意識を養成していくことができるのです。

7　成長意欲の高いスタッフに育てよう

●「成長実感」が得られればスタッフは自然に成長する

「成長意欲を持て！」と叱咤激励しても、ほとんど効果はありません。成長意欲を高めるためには、スタッフ自身が成長を自覚し、周りのメンバーがそれ認めてあげることです。「成長実感」を得られる環境さえ提供できれば、勝手に成長していきます。

「成長実感」を提供する仕組みが、一般に「キャリアアップモデル」とか「育成計画」といわれるものです。

「キャリアアップモデル」「育成計画」といってもむずかしく考える必要はありません。日常の仕事の会話で使う言葉で、どのくらいの期間で一人前のスタッフになってもらいたいのかを、提示することからはじめてみましょう。

キャリアアップモデルとは、次ページのようなものです。

2年で一人前のスタッフにしたいとします。そこから逆算して「1年目には○○が○○レベルでできるように」「3ヶ月で××を××レベルでできるように」「6ヶ月で△△が△△レベルでできるようになる」と、期間と実践レベルのモデルをつくり、その期間に習得してもらうことを明確に示すことです。

そして、キャリアアップモデル通りに成長・戦力化するために、教育のあり方、仕事の与え方（仕事の範囲、裁量）を計画的に進めていくことです。この計画が育成計画です。

●「育成計画」がスタッフの成長を促進する

あらためてキャリアアップモデルや育成計画をつくらなくても、自然にスタッフは成長していくし、自ずと教え方、仕事の与え方もレベルアップしていくと思われる方もいらっしゃることでしょう。

たしかに、スタッフは自然に成長していくものですが、計画的にやることでさらにスピー

例：飲食店ホールスタッフのキャリアアップモデル

レベル	求める仕事	求められるレベル
スタッフⅠ（～3ヶ月）	基本オペレーション	丁寧で正確な作業 ・正確なオーダーターミナルの操作 ・丁寧で、正確な料理提供
スタッフⅡ（～6ヶ月）	＋αの接客	自分から進んでお客様と会話ができる ・商品の特徴（食材、調理法、食べ方）の説明など
スタッフⅢ（～1年）	お客様に合わせた感動接客	お客様のニーズの先読み ・お客様の嗜好に合わせた提案
スタッフⅣ（～2年）	開店準備～お客様対応～閉店まで一連業務	店舗の状況に合わせた動き ・お客様の入り具合等の状況に合わせて、優先順位をつけて仕事ができる
リーダーⅠ	指導・調整	店舗全体のレベルアップ ・メンバーのレベルアップのためのミーティングの実施や指導OJT

ドが速くなります。

たとえば、先ほどの例のように「2年で一人前」と決めることで、本人の意識も変わりますし、「2年で一人前にする」ことが目標となり、教育係や先輩スタッフのかかわり方も変わります。そして何より大きなことは、経営幹部の意識変革です。

また、キャリアアップモデルや育成計画をつくるメリットは、お店が望むことと本人の到達レベルを示すことによって、スタッフの自己評価と、お店からの他者評価を一体化できることにあります。

いくら「成長実感が大切」といっても、一人よがりの自己満足スタッフになってしまったら、それこそ最悪ですから、あるべき姿をしっかり示し共有しておくことが大切です。

ここでひとつ重要なことがあります。そもそも「一人前とは何だろうか」という定義を明確にすることです。

ある小売業を営むコンサルティング先での話です。

経営者：「うちのような小さなお店は、少数精鋭でやらないといけないし、早く一人前のスタッフに仕上げないといけないんです」
山田：「そうですね。ところで何ができれば『一人前』と言えるのですか？」
経営者：「……」

そもそも「一人前」のスタッフに期待することが明確になっていないのです。期待することが明確でないのに期待に応えろというのも無茶な話です。
そこで、「一人前」スタッフに期待することを整理することからはじめました。

経営者：「①担当する商品についてはお客様から商品説明を求められたら答えられること、②お客様からのクレームに対応できること、③担当商品の売れ筋・死に筋を理解して適正在庫が維持されていること、④……」
山田：「では、それをできるようにするためには、どのような教育、仕事の与え方、権限委譲が必要でしょうか？」
経営者：「……」

ここで、経営者は気がつきます。「スタッフに望んでいること」と「自企業の教育や仕事の与え方」の間に乖離があることに。

この話はちょっと極端なケースではありますが、一人前を定義することによって、スタッフ、リーダー、経営幹部それぞれがやるべきことを見直す機会になるかもしれません。

実際に躍進する小売業・サービス業の多くで、パート・アルバイトスタッフの育成を計画的に行ない、成果を挙げています。

8 目標意識の高いスタッフに育てよう

コンサルティングの現場で、多くの経営者・管理職が「うちのスタッフは目標意識が低い」と嘆いています。

さて、ここで問題です。

目標意識を養成するのに不可欠なものは何でしょうか？

答えは「明確な目標」です。

「何を当たり前のことを言っているんだ！」とお叱りの声が聞こえてきそうですが、現実に、スタッフに明確な目標を持たせないで、「うちのスタッフは目標意識が低い」と嘆いている方が多いようです。

もちろんまったく目標を示していないという訳ではありません。スタッフから見てわかりにくい目標になっているという意味です。

では、「明確な目標」とは何でしょうか？　ポイントを押さえておきましょう。

①期間及び到達レベルを、数値化もしくは状態基準化してあること
（いつまでに・何を実現させるかが明確になっている）
②現状より、少しでも成長している、前進している
③本人と上司もしくはメンバーと事前に共有できている
④本人の意思や行動と結果が連動している
⑤達成したか否か、客観的に検証可能である
⑥目標を達成するための方法が具体的にイメージできている

次に、目標設定の意義（狙い）について考えてみましょう。

それは、具体的な目標を持つことによって、文字通り目標意識をモチベーションに変えること。そして達成のため創意工夫・行動改善を引き出すことにあります。

ですから、期間限定のスタッフであっても、短時間スタッフであっても、目標設定してそれを意識させること、行動をさせることに重要な意義があります。

そう考えると、もともと目標意識を持たせにくいパート・アルバイトこそ、日々の目標設定が必要なのかもしれません。

パート・アルバイトの目標に関しては、店舗コンセプトや営業方針からはずれていない限り、事業計画と整合性を持たせる必要はありませんし、実現不可能な高い目標を設定する必要もありません。達成確率70％以上の難易度が妥当ではないでしょうか。

あまりむずかしく考える必要はありません。飲食店であれば「今日の目標は、テーブルを巡回して10杯のビールの追加オーダーをいただく」といった目標からはじめてください。

前述した明確な目標の定義にあるように、

①期間＝今日、到達レベル＝10杯が数値化され明確なこと、②10杯がちょっとがんばらないと達成がむずかしい数値であること、③この目標が店長と本人が共有されていること、④10杯は本人の行動によって実現できること、⑤10杯売れたかどうかが検証可能なこと、⑥テーブル巡回＝10杯のオーダーをいただくための方法がイメージできていること

これだけはしっかりと押さえておきましょう。

9 数字に強いスタッフに育てよう

「数字で考える。数字で判断する」というと、何やら人間味にかけて味気ないと思うかもしれません。たしかに数字だけで判断するのは問題だと思いますが、それが、数字に弱いことの言い訳になってはいけません。

【問題】

商品Aは売価2500円（仕入れ価格は2000円）です。商品Bは売価2400円（仕入れ価格1800円）です。この2つの商品の機能・品質に大差がなければどちらの商品をお勧めすればよいでしょうか？

【答え】

もちろん、「商品Ｂ（売価２４００円）をお勧めする」が正解です。

むずかしく考える必要はありません。数字に強いスタッフへの育成とは、こんな簡単なことを考え、日々の実務に活かせるようなスタッフを育てることです。

とある食品スーパーのお話です。

その企業の正社員比率は70％を超え、食品スーパー業界ではかなり正社員比率の高い企業です。当然、人件費率も若干高めになっています。しかも近隣市場の環境から低価格販売をしています。それだけを聞くと経営が成り立つのかなと心配になりますが、それでも、しっかりと利益を確保できています。

もちろん、経営者とバイヤーが優秀で、しっかりと仕入れ管理を行なっていることが大きな要因ですが、それだけではありません。最大の要因は、店頭スタッフ一人一人が、前述の計算をしっかり行ない、利益という数字を判断基準にしてフェイス管理（高粗利商品のフェイスを多めに取って陳列・訴求する）をしているからこそなせる業です。

「そんなことは管理職が把握して、具体的なフェイス数や陳列方法の指示を出せばすむのでは？」と思う方もいらっしゃることでしょう。

しかし、店頭は常に動いているのです。何もわからないスタッフなら、よかれと思って低粗利商品を陳列してしまいます。数字に強いスタッフがたくさんいるということは、確実に利益を生み出す体質につながっていきます。

では、「どうすれば数字に強いスタッフに育てられるか」について考えてみましょう。

可能な限り数字は公開（売価、仕入れ、粗利までの基本情報）して、日頃より数字を使って会話をすることからはじめましょう。

このチェックリストで、あなたのスタッフは何個のＹＥＳがつきますか？

数値意識チェックリスト

項目	チェック
今月の売上目標を知っている	YES / NO
現時点での売上実績を知っている	YES / NO
商品の粗利率を知っている	YES / NO
今月の粗利目標を知っている	YES / NO
現時点での粗利実績を知っている	YES / NO

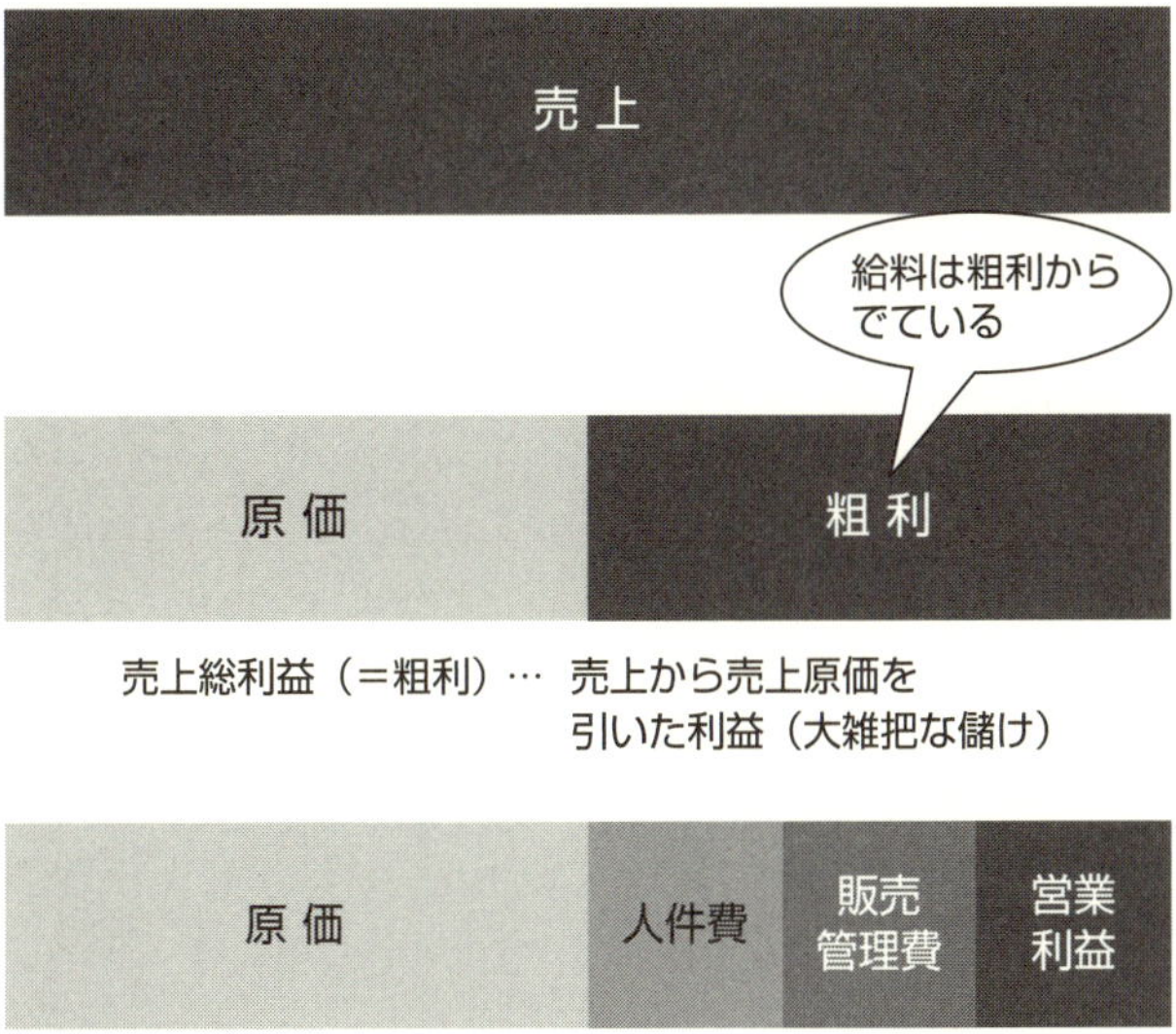

売上総利益（＝粗利）… 売上から売上原価を引いた利益（大雑把な儲け）

営業利益 … 人件費やその他経費も引いた 本業での利益

10 働き方に合わせてスタッフ育成を考えよう

先に、キャリアアップモデルや育成計画をつくろうという話をしましたが、その際にパート・アルバイトならではの考慮すべきこと（押さえておくべきこと）があります。

それは「働き方」に合わせて育成計画を考えることです。

一概にパート・アルバイトといっても、小さな子供を抱えていて勤務条件の制約が大きい主婦、限りなく正社員に近い勤務形態が可能なスタッフ、学生――と個々のスタッフによって生活における仕事の位置づけや考え方は大きく変わってきます。

このことを無視して、あるべき「キャリアアップモデル」を全スタッフに当てはめようと考えると、一部のスタッフに必要以上のプレッシャーやストレスを与えてモチベーションダウンや離職につながることになりかねません。あくまでもキャリアアッププランは本人と面談した上で、個別に作成していくことが必要です。

11 「ＯＪＴ」と「ＯＦＦ　ＪＴ」を組み合わせたスタッフ育成

スタッフ教育の方法には、実際の業務経験を通じてトレーニングを行なうＯＪＴと、現場を離れて、座学で知識教育やロールプレイングなどのトレーニング行なうＯＦＦ　ＪＴがあります。

次ページの通り、双方にメリット・デメリットがありますので、それを押さえて上手に組み合わせていく必要があります。

特に、入社初期の段階では、本人の不安解消、上司・先輩の教え方、教える内容のバラつきの軽減、迎え入れる先輩・同僚の負担を軽減するといった観点から、ＯＦＦ　ＪＴ教育を行なったほうがいいと考えます。

ＯＦＦ　ＪＴ教育といっても、形式ばった大袈裟な研修をする必要はありません。２〜

OJT、OFF JT のメリット・デメリット

	OJT	OFF JT
メリット	費用が掛からない スケジュール調整の必要がない 実践的である	担当者によるバラつきが少ない スタッフの安心感がある 社員育成に熱心な会社であると印象を与える
デメリット	上司の教え方や内容にバラつきがある 経験の浅いスタッフにとっては不安がある	費用がかかる スケジュール調整の手間がかかる 受身になる可能性がある

3時間の短い時間でもけっこうです。

ミーティングルーム等で教育担当（教育担当がいなければ経営幹部）から、以下に示すことを、現場に入る前に伝えておくだけでも効果があります。

①基本マナー、挨拶、言葉遣い（接客用語）、身だしなみ等を徹底する
②企業の業務内容（本人の担当業務だけではなく、全体の流れまで）を伝える
③やり方（HOW TO）だけでなくなぜ必要か（WHY）までを伝える
④自店のこだわり、必要に応じて歴史まで伝える

また、そのときに注意すべき点は

①本人に必ずメモを取らせる
②重要なポイントは、理解度を確認する質問（問いかけ）をしながら進める
③一方的にならないように、本人に考えさせるように進める
④研修終了後、学んだこと・気づきを書いてもらう（メモでも可）

これは、あらゆる教育の施す側、受ける側の基本中の基本です。

この初期の教育で、基本的な学ぶ姿勢（メモを取る、考える、反応する）を徹底させることが、その後の指導の受け方に大きな影響を与えます。何ごともはじめが肝心です。

「うちに来るスタッフはレベルが低いから、不可能！」と言わないでください。完璧を求めて、あまり高いレベルを要求すると逆効果です。

たとえば、研修レポートは2～3行の簡単な文章でもかまいません。とにかくできるレベルから始めることが大切です。そして少しずつレベルを上げていけばいいのです。何ごとも最初は未経験なのですから。

ここまで書くと、「面倒だな」と思われるかもしれませんが、即戦力化、その後の業務品質の向上のためには、この第一歩が非常に重要なのです。

4章

スタッフを長く定着させるためには

1 「辞めない（続ける）理由」より「辞める理由」に目を向けよう

せっかく手間隙をかけて、採用・教育したスタッフに簡単に辞められてしまうのは大きな損失です。優秀な人材を採用し、育成を図ると同時に、その戦力が辞めずに定着するように取組む必要があります。

スタッフが辞めていくのは「家庭の事情」「卒業」などのやむをえない理由から、「仕事に飽きてきた」「もっとやりがいのある仕事がしてみたい」「人間関係が悪い」「とにかく理屈ぬきでイヤ」と、その理由はさまざまです。

「退職理由」もさまざまなのですから、「退職防止策」も多面的に考えて取り組んでいかなければいけません。

そのとき、手をつける順番（＝優先順位）が重要です。この順番を間違えると、かえって「逆効果」になってしまうことさえあります。

スタッフが会社に「告げる」退職理由（表向きの理由）の上位に「家庭の事情」が挙げられます。会社側も「家庭の事情では仕方ないなあ」と納得できてしまうのですが、本当に「家庭の事情」だけで辞めるケースは稀だと思って間違いありません。

実際に、スタッフのモチベーションの下がっている会社に「家庭の事情」が頻発します。

逆に、スタッフのモチベーションの高い会社には「家庭の事情」はあまり発生しません。

これはただの偶然ではないはずです。

余談ですが、私の前職（カネボウ）時代の話です。

正確に数値データを取ったわけではありませんが、モチベーションを高めるのが上手いマネージャーが率いるチームの美容スタッフ（結婚適齢期の女性です）の「寿退社」「出産退社」は少ないのです。

マネージャーの力量で「結婚」「出産」をとめることは不可能のはずです。しかし事実なのです。

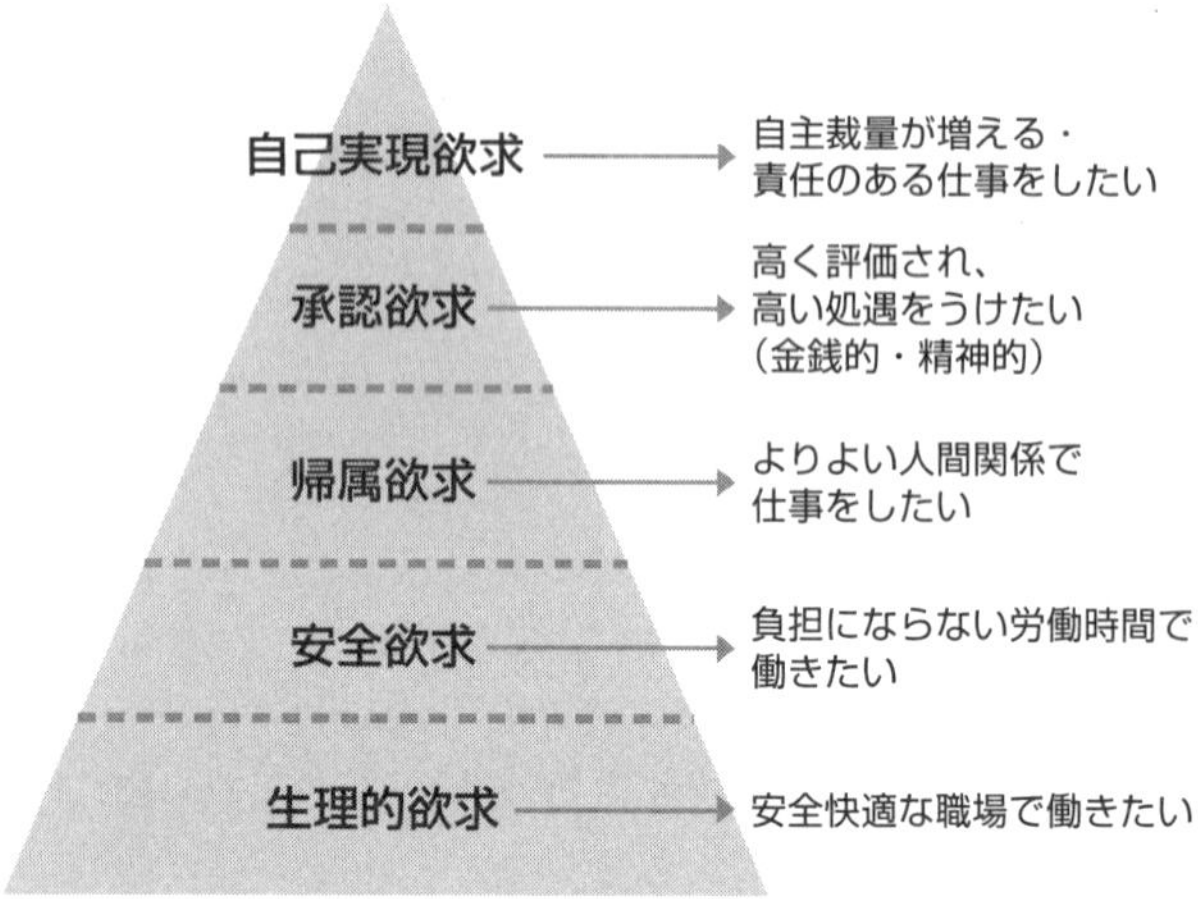
自己実現欲求
自主裁量が増える・
責任のある仕事をしたい
承認欲求
高く評価され、
高い処遇をうけたい
（金銭的・精神的）
帰属欲求
よりよい人間関係で
仕事をしたい
安全欲求
負担にならない労働時間で
働きたい
生理的欲求
安全快適な職場で働きたい

もちろん、結婚相手や環境にもよるでしょうが、仕事が充実していれば「結婚」、あるいは「結婚＝退職」になりにくいのです。

いずれにせよ、学生アルバイトの「卒業」を除けば、離職率が高いということは何らかの問題があると認識したほうがいいようです。それらの原因を解消していく取組みが必要です。

どこから手をつけるべきかの順番を考えるうえで重要なヒントを与えてくれるのが「マズローの欲求段階説」です。

心理学の有名な理論ですので、ご存知の方も多いと思いますが、この理論は次のような学説です。

①人間の欲求には、「空腹を満たしたい」「気持ちよく眠りたい」といった低次元の「生理的欲求」から、「自分自身が成長したい」「夢を実現させたい」という高次元の「自己実現欲求」まで5段階に分けることができる（図参照）
②低次元の欲求が満たされると次のレベルの欲求が芽生えてくる
③低次元の欲求が満たされないと、次のレベルの欲求は芽生えてこない

つまり、飢えに苦しんでいる（＝生理的欲求の満たされていない）人に、「仲間を大切にしなさい（＝社会的欲求）」とか「勉強して将来の夢を持ちなさい（＝自己実現欲求）」と諭したところで、ムリな話です。とりあえず「飢え」から脱することしか考えられないのです。

仕事に当てはめれば、「負担にならない労働時間」や「快適安全な職場環境が実現できていない」状態で、「仕事に誇りを持って……」「夢のある仕事を……」といっても、スタッフはしらけるだけ、反発を招くだけです。

スタッフ個人の資質や、指導方法にもよりますが、労働時間や職場環境が満たされれば、スタッフは自ら「もっと質の高い仕事をしたい」と成長していくのです。

何ごとも段階を踏むことが大切です。特に、パート・アルバイトの定着を図るうえでは、重要なポイントになりますのでご注意ください。

2 「大きな夢」を語る前に「小さな悩み」に耳を傾けよう

モチベーションを高めるために、会社のビジョンを語り、経営の理念を共有することは必要不可欠なことです。しかし、場合によっては逆効果になることがあるので注意が必要です。

スタッフと経営者（場合によっては管理職）では関心・思考のポイントがまったく違うことを強く意識しておく必要があるのです。

「樹を見て森を見ず」という言葉があります。自分の目前にある一本の樹にばかり目が行き、そこに執着してしまい、森全体にまで視野が拡がらない思考傾向を指します。一般に女性型思考といわれていますが、仕事や経営に関する情報が少ないパート・アルバイトスタッフは、このような傾向に陥りやすいものです。

経営の大局から見ると些細なこと、しかし働くスタッフから見ると重大なこと――重要性の認識の違いや、それから派生する誤解によって、モチベーションの低下、離職へとつながることが多いようです。何が現場のスタッフの問題意識になっているのかを確認し、解決にむけてアクションをとることが大切です。

人事制度のコンサルティング現場で、経営者から「会社の理念を理解してもらえない」との嘆きを耳にしますが、極論を言ってしまえば、終身雇用を前提とした雇用関係ならまだしも、スタッフにとって会社とは一時的に所属している集団であり、所詮は他人事にすぎません。極論を言えば、理念を共有できることが、奇跡に近いのです。

しかし、その奇跡に近づける努力が求められているのです。

優秀な営業マンは「話す能力より聴く能力に長けている」といいますが、優秀な経営者（管理職）も、メンバーの悩みにしっかり耳を傾けています。

誰しも、自分を理解してくれる人を信頼し、初めて理解しようとするのです。できるだけ小さな悩みに耳を傾けるよう意識することが大切です。

日頃からスタッフの話に耳を傾けるとともに、スタッフの時間に負担をかけないような範囲で、ランチミーティングなど対話の時間を意識的につくることも効果的です。

そのときは、一方的にならないよう「聞く8割：話す2割」の姿勢で悩みに耳を傾けることに注力してください。

3 「期待すること」と「頼ること」の違いを理解しよう

スタッフに「期待」を伝えて成長を促すことは、戦力化していくうえで非常に大切なことです。しかし、「期待している」ことと、就業条件の範囲内を超えて残業要請や自宅に仕事を持ち帰ってもらうなど「甘えて頼りきって負荷をかけてしまうこと」を混同しないことが大切です。あくまでも家庭環境などの就業制約の範囲で期待することが重要です。

責任感が強く優秀なスタッフには、ついたくさんの仕事をお願いしてしまいます。はじめのうちは遠慮しがちに依頼しているのですが、それを嫌な顔ひとつせずに、気持ちよく引き受けてくれるので、気がついたら毎日残業になっている。時には公休日さえ返上して出勤しているという状態になっている――そんなことが多くの会社で起こっています。

それがすべてダメだとは言いませんが、怖いのは使用者側にとって「既得権」になってしまいスタッフに負担をかけていることに気づかず、それが常態になってしまうことです。その結果、仕事と生活が両立できなくなって退職につながるという最悪の事態を招きます。

1日1～2時間の残業は、家事をやりくりすることで対応できるかもしれませんが、それが恒常化することによって、本人さえ気がつかないうちに大きな負担になっている可能性を忘れてはいけません。

適正な出退勤管理を行ない、勤務記録（実態）と契約時の就業条件と照らし合わせて誤差が生じていないかを確認する必要があります。そして、定期的に面談をして本人意思を確認しておきましょう。

「期待している」ことと「甘えて頼りきってしまう」ことを混同しないのが、優秀な人材に定着してもらうために注意すべきことです。

4 スタッフの時間を大切にしよう

前項でもご説明しましたが、パート・アルバイトを活用する上で最大の注意点は、「時間」への配慮にあります。

よくあるのが、急に忙しくなった、急に他のスタッフが休んでしまったなどの理由で、無理をお願いして勤務時間を延長してもらったり、公休日に出勤してもらうといったケースです。そうしてその場をしのいだことが、一度や二度はあるのではないでしょうか。

もちろん、お客様に迷惑をかけずに営業するためには必要な対応であり、そのことの是非を問うことはできませんが、それが恒常化してしまっては問題です。

最初のうちは、経営（管理）側は、無理をお願いしているという意識を持っているのですが、それを何度か繰り返し続けているうちに、忙しいのだから（人手不足だから）仕方ない、時間延長も休日出勤も当たり前という意識になってきます。

要請を受けるスタッフにとっても、気がついたら、自分自身や家族の負担になり、最終的には仕事そのものが継続不可能になってしまうという最悪の事態になることがよくあります。

当然、そんな無理を聞いてくれるスタッフは会社にとって貴重な人材ですから、辞められてしまったら大きな損害です。甘えは禁物です。

当初の就業時間を変更する必要が生じた場合は、再度改めて面談・意思確認を行ない、生活環境も考慮したうえで、スタッフ側に問題がなければ正式に就業条件の見直しをする、もしくは早急に人員補充をするなどの手を打つことが大切です。

一番いけないのは、ずるずるとスタッフの善意に甘えてしまうことです。

5 基本の基本！心を込めて挨拶を徹底しよう

入社当初のスタッフは、緊張感がいっぱいで、仕事を覚えることや人間関係に慣れることに一生懸命です。しかし、時間の経過とともに緊張感は薄れ、それと同時に「飽き」や「もっといい仕事はないだろうか」という気持ちが芽生えてきます。

そんなときに、継続してがんばろうと思えるか否かに大きく影響を与えるのが、人間関係です。

仕事を進める上で、指示命令系統を明確にしておくことは必要ですが、基本は、上下関係（管理者―被管理者）や、雇用関係（お金を払って雇っている人―雇われている人）の関係ではなく、対等のパートナーの関係で接することが大切です。

そのパートナーシップの基本となるのが、「挨拶」です。実際に優秀なスタッフが定着し、安定的に業績を上げている会社（お店）では、心地よい挨拶が徹底されています。

「経営者（管理職）から、先んじて挨拶をする」

当たり前のことですが、良好な人間関係の原点、スタッフ定着の最初の取組みです。

ここで求める挨拶は「大きな声」を出すことではありません。

「挨拶」について、再確認のために少し触れておきます。

クライアントの飲食店の例です。スタッフが定着しないためにサービス品質が安定せず、業績が伸び悩んでいるお洒落な居酒屋です。

別棟にある事務所で、社長と打ち合わせをして「挨拶の重要性」について話をしました。

社長：「うちの店は挨拶だけは厳しく徹底している。挨拶だけはね」

山田：「それは、すばらしいことですね。それでは、お店を見せていただけますか？」

と、そんな会話の後、社長と2人で開店準備中の店内に入ったところ「おはようございます」と元気な挨拶が、店内のいたるところから聞こえてきます。

山田：「元気なスタッフですね」

これに、社長はご満悦な表情です。

たしかに元気な挨拶なのですが、私は何か違和感のようなものを感じました。続々と出勤してくるスタッフ、その都度繰り返される大きな挨拶……しばらくして、違和感の原因に気がつきました。

大きな声を出しているのですが、「相手の顔を見ていない挨拶」だったのです。声を張り上げているだけの形骸化された「空間に向けた無機質な挨拶」だったのです。

言うまでもなく、挨拶とは相手に向かって「あなたを認識していますよ」という意を伝えるためのものです。

ところが、この店の挨拶は単に声を出すことが目的の儀式的なものでした。

このような「空に向けた無機質な挨拶」が多い企業の特徴は、経営者（または経営幹部）から進んで、スタッフへの挨拶（声がけ）が行なわれていない、もしくは返礼さえしていないことが多いようです。

たかが「挨拶」ですが、お客様視点は当然のこと、スタッフ定着のための第一歩として、再確認しておきたいポイントです。

6 店内の人間関係に関心を持とう

前項で、「挨拶」を通して人間関係の話をしましたが、職場には、指示命令・連絡報告・相談といった公式の人間関係（フォーマル組織）と、それとは無関係に存在する仲間関係や、上下関係で形成される人間関係（インフォーマル組織）の2つの人間関係が存在しています。

「フォーマル組織」より「インフォーマル組織」の力のほうが、スタッフのモラルや、仕事の品質・効率に大きく影響することは、心理学や行動科学の実験において実証されています。

そんなインフォーマル組織がよい方向で機能すれば、善循環をもたらすのですが、逆に派閥、陰口悪口、極めて軽微なイジメなど悪い方向に機能しはじめると、脱出困難な悪循環に入り込み、心ある優秀なスタッフからどんどん辞めていくといった、最悪の状況に陥ります。

そのような問題があっても、多くの経営者や管理職者は「あくまでスタッフ間の個人的な人間関係の問題であるし、取るに足らない幼稚なこと、煩わしいこと」と捉えています。「見ざる、聞かざる、語らず」の態度を決めこむことで、さらに状況を悪化させ、スタッフの定着率を下げています。

一見、スタッフ間のトラブルは、会社（管理職）には責任がなく当事者の問題であると思われるかもしれません。しかし、企業や管理職は、いつもこの問題に悩まされているのです。決してスタッフだけの問題ではありません。

極論を言えば、会社（管理職）の「無関心」が引き起こす必然のトラブルなのです。そしていったん悪い方向に転がり始めると、修正するのに多大な労力を要するのです。

そういった事態を未然に防ぐためにも、日頃から、スタッフ間の人間関係に関心を持ち、些細な問題にも迅速に対応することが必要です。

そして、問題行動を先導するスタッフには、どんなに仕事ができたとしても、毅然とした態度で臨むことが必要であり、場合によっては「辞めてもらう」強い意思を持つことが求められます。

古参の現場スタッフがインフォーマル組織のリーダーとしてよい影響を与えれば、企業風土はどんどんよくなりますが、反対に悪い影響を与え始めると、歯止めをかけるのはむずかしくなります。

7 「評価」より「共感・共鳴」を大切にしよう

「〝評価〟より〝共感・共鳴〟を大切にしよう！」

これは女性スタッフのモチベーションマネジメントのキーワードですが、女性心理（正確に記すると女性によく見られる心理的傾向）についてお話をしましょう。

ここで女性心理（女性によく見られる心理的傾向）について触れる理由は2つあります。

ひとつ目は、すでに女性スタッフが活躍している企業はもちろんのこと、男女雇用機会均等法をはじめ社会の要請、労働者人口の減少に伴う労働力の絶対数の不足等を受け、男性の職場といわれている職種でも女性スタッフが急増しているためです。

実際に小売、サービスの分野でも、男性商品（住宅・車・電気製品）での女性スタッフの活躍は目覚しいものがあります。女性スタッフのモチベーションが企業風土を形成するといっても過言ではありません。

2つ目は、男性の女性化（中性化）が起きており、女性的モチベーションマネジメントを採ったほうが、有効に機能するケースが増えているからです。

男女の違いの要因には諸説ありますが、人類発祥の太古より、男性は外で狩をし、女性は家を守ってきたために、それがＤＮＡとして脈々と引き継がれて現在に至っているという説を採るなら、現在は男性が狩をする必要がなくなったのですから、男性の女性化も頷けるところではないでしょうか。

●「結果の評価」より、「プロセスの共感・共鳴」

では、具体的にモチベーションマネジメントのポイントをお話しします。

スタッフが一生懸命がんばって何かを成し遂げたときに、何をどのように認めて（見て）欲しいかという視点です。

たとえば、店長がスタッフにＰＯＰの作成を依頼したとしましょう。その日は接客が忙しくて勤務時間中にPOPを作成する時間がありません。そこでがんばり屋のスタッフは自宅に仕事を持ち帰り、POPを作成して、次の日店長に持ってきました。このとき店長はどのような言葉をかければいいでしょうか？

完成品であるPOPを評価して、褒めます。「このPOPいいね〜」と。褒め言葉の主語はPOPです。これを「結果の評価」と言います。

一方、そのときに、自宅に持ち帰ってまでがんばって作成した行為・気持ちに共感し褒めます。「○さん、がんばってくれてありがとう。大変だったでしょう」と。もちろん、主語はがんばってくれた「人」なのです。

これを、「プロセスの共感・共鳴」といいます。

このように「共感・共鳴」してくれる人（上司・同僚）がいるということが、モチベーションを維持向上し、定着につなげる鍵となるのです。

余談になりますが、買い物に関する会話を聞いていても男性は「結果の評価」、女性は「プロセスの共感・共鳴」の傾向が見て取れます。

女性は「とっても親切な販売スタッフがいて……ついつい買っちゃった」と、買い物そのもの（販売スタッフ）に関する話をよくしますが、それに比べて男性は購入した商品の話はしても「買い物」という行動自体を話題にすることが少ないことから納得いただけるのではないでしょうか。

8 感謝とねぎらいの言葉を伝えよう

日々の仕事の中で、スタッフのがんばりに感謝をして「ありがとう」の言葉を使うことが1日何回あるでしょうか。前項でお伝えした通り、一生懸命にがんばったことに共感してもらい、感謝とねぎらいの気持ちの込もった「ありがとう」の言葉をもらうことは、スタッフにはエネルギーとなります。

また、経営陣のねぎらいの気持ちを込めた「ありがとう」の言葉の頻度と、スタッフの定着率・モチベーションに相関関係があることは間違いありません。

ところが、スタッフが定着しない会社（経営者）に限って、逆に「スタッフの感謝の気持ちが足りない」と嘆いていることが多いようです。経営者がスタッフにねぎらいや感謝の気持ちを伝えるより先に、スタッフに対してお客様への感謝、経営者への感謝を強要し、それができていないことを嘆くことが多いのです。

スタッフの定着・活性化は「TAKE＆GIVE」では実現しません。経営・管理職が、「GIVE＆TAKE」いや「GIVE＆GIVE」の精神で接しなければいけません。


意識変革や風土変革のきっかけとして、「ありがとう運動」などと銘打った取組みをするのもいいと思います。

終礼時に、「○○さんは、今日こんなことをしてくれました（がんばってくれました）。ありがとうございます」と、各人の今日の活躍を発表したり、もし、スタッフが集まることがむずかしければ、「今週の○○さんのがんばってくれたこと」をバックルームに掲示するなど、お金を使わなくても簡単にできます。経営者（管理職）からスタッフをねぎらうだけでなく、スタッフ同士でお互いのがんばりを共有するのも効果的です。

これを実践するためには、お互いによい点を見つけだす必要がありますので、人の意識変革のきっかけづくり、カンフル剤として効果が期待できます。


ただし、これを一過性のイベントで終わらせてしまってはもったいないですし、かえって逆効果になってしまいます。

大切なことは、そういった気持ちを継続することにあります。

そのためには、まず経営者や管理職が率先してスタッフのがんばりや、長所を見つけるように関心を示すことです。

そして、「がんばっているね。ありがとう」とねぎらいと感謝の気持ちを言葉に、態度に示すことから始めることです。

多少大袈裟でもかまいません。ぜひとも実践してください。

9 スタッフルーム（休憩室）の環境を整備しよう

スタッフルームの環境は、「満足要因」となることはまずなく、「不満足要因」となることがほとんどです。お金をかけて快適な休憩室をつくったところで、それ自体ではスタッフの定着率は上がりませんし、モチベーションが高まることもあまり期待できません。

しかし、スタッフルームから2つのことが見えてきます。

ひとつ目は、スタッフへの心遣いです。

スタッフルームは、直接利益を生み出すスペースではありません。だからこそ、そのスペースへの配慮はスタッフへの配慮と映るからです。

スタッフに高いレベルの仕事を要求すれば、それ相応の心理的・肉体的なストレスがかかるのは当然のことですから、より高いパフォーマンスを引き出すために休憩時間の心身のリフレッシュは不可欠です。

VIPルーム並みのスタッフルームを設置しましょうとは提案しませんが、ある程度は必要な福利厚生として、リラックスできるスペースを考えていきましょう。

2つ目は、スタッフのモラルです。

私の経験に基づく極論ですが、「休憩室を見れば、スタッフのモラルがわかる」と言い切ることができます。

スタッフルームの状態から、①スタッフの企業ロイヤリティ、②スタッフ同士の人間関係、③スタッフの躾レベル、が見えてきます。

ロイヤリティを持ち、スタッフ同士が良好な人間関係を築き、躾ができていれば、清潔で整理整頓されたスタッフルームになっている。もし、雑然としているようであれば、なんらかの原因で、スタッフのモラルが乱れてきているのではないかと疑ったほうがいいかもしれません。

たかがスタッフルームと言わず、休憩室のこともほんの少し気にかけてください。

10 メンター制度で安心して仕事を覚えられる仕組みをつくろう

「困ったときに誰に相談すればいいのかわからない」という状態が新人スタッフにとって、一番不安に思うことかもしれません。

そんな不安を軽減するひとつの方法が、メンター制度です。

メンター制度とは、比較的年齢や立場が近い先輩（メンター）が、新人や後輩（プロテジェ）に対して、業務に直接関係することに限らず、職場内の人間関係や悩みごとに至るまでを、双方向のコミュニケーションを通じて継続的に支援する制度のことです。

いろいろな先輩スタッフから、いろいろな支援・指導を受けるのもいいですが、一貫して担当するメンターが決まっていたほうが、計画的に仕事を覚えスキルアップしていくのには適しています。

また、公式な指示命令系統（一般に言う上下関係）にある管理職からの指導では、本音の疑問や悩みを言いづらい面もあるので、安心して職場に馴染み、仕事を覚える仕組みとしてメンター制度は有効な方法です。

この制度のもうひとつの効果が、メンターの役割を担う「先輩スタッフのモチベーションアップ」です。会社からメンターの役割を期待された上、後輩からも頼りにされたら、意気に感じてそれを機にさらに成長するものです。

むずかしいことではありません。制度導入および運用方法は次の通りです。

まず、新人スタッフが入社したら、比較的モチベーションレベル・コミュニケーションスキルの高い先輩スタッフをメンターとして任命します。

このとき、メンターに新人の育成計画を簡単に伝えておきます。現実問題として、メンターに完璧な人材を求めるとなかなか導入できないので、完璧な人選を求めず、最良な人選を行なうことが大事です。

ただし、会社・お店に対して批判的なスタッフはメンターとして不適切です。

また、両者が一緒に休憩に入れるようなシフトへの配慮や、ランチミーティングの金

メンター制度導入・運用のステップ

STEP 1 メンターの選出	完璧な人材を求めすぎず、年齢・就労条件の近い先輩スタッフから選ぶ
▼	
STEP 2 コミュニケーションの促進	両者が、負担なくコミュニケーションが取れるような機会と場所をつくる（※休憩時間を合わせる等）
▼	
STEP 3 メンターへのケア	メンターのモチベーションマネジメントとストレスケア（※任せ放しにしていないことを伝える）

銭補塡などの環境を整え、メンターとプロテジェのコミュニケーションを促すようにします。制度としてこれだけです。

メンターに任せて知らん振りということでなく、管理職は定期的にメンターに新人の状況をヒアリングして、メンターの意識を維持していきます。

この仕組みが定着すると、先輩（メンター）には責任感が、新人（プロテジェ）には帰属意識が芽生え、定着・成長の善循環にはいっていきます。

5章

人事評価・賃金制度をつくろう

1 人事・評価・賃金制度の目的は育成

「うちの店はまだ小さいし、スタッフもパート・アルバイトがほとんどなので、人事制度はまだ必要ないのでは……」と考えている経営者も多いようですが、小さなお店であってもスタッフを雇用している以上は、人事評価・賃金制度は必要です。

理由は、人事評価・賃金制度は単なる給料査定の道具ではないからです。

①社会環境・労働法制への対応

労働契約法の制定やパートタイム労働法改定（135ページ参照）に後押しされるように、社会の趨勢《すうせい》として、雇用主のさじ加減で一方的に処遇（役職・賃金・賞与など）を決めることがむずかしくなっています。

また、スタッフの「雇用＝契約」という意識はますます強まり、処遇決定の基準を明示

～ 人事制度（評価・賃金制度）の目的と効果 ～

①社会環境・労働法制への対応

②経営資源（人件費）の有効配分

③スタッフの成長目標

してほしいという声が大きくなることは間違いありません。そこで処遇決定ルールとしての人事制度が不可欠となります。

②経営資源の有効配分

慢性的な人材不足、人材の質（能力）の格差の拡大、人材の流動性が高まる環境下で、優秀な人材のモチベーションを維持向上し続け、定着を図るためには、給料その他の待遇を向上させていくことが必要です。

しかし、総花《そうばな》的に給料を上げていくことは収益を考えれば不可能ですから、優秀なスタッフとそうでないスタッフに格差をつけて処遇をしていかざるを得ません。

このときに経営（管理）者の感覚で処遇を

決定すれば、不平不満につながる危険性が高まります。そこで人事制度を構築し、事前にスタッフに公開することによって、不平不満を軽減させる必要があります。

③スタッフの成長目標

スタッフは適度な期待を受け、高く評価されることで、期待に応ええるべくさらにモチベーションが高まります。しかし、いくら経営（管理）者から、褒められ、労われたとしても、給料は上がらないし、与えられるポジション（役割）も変わらないのでは、「ホントに私のことを評価しているの!?」と疑心が生まれてきます。

もちろん、お金がすべて・お金のためだけに働いている、という訳ではありませんが、期待と評価を実感でき伝える手段が、ポジション（役割）と給料ということです。

一生懸命にがんばったスタッフが結果として、評価・待遇を得ることも重要ですが、せっかく手間をかけて制度をつくるのですから、スタッフ自身が制度を理解して「○○○できれば（なれば）、こんな待遇上のメリットを受けられる」、もっと端的にいえば「○○○目指してがんばろう！」と、成長目標となるような制度にしたいものです。

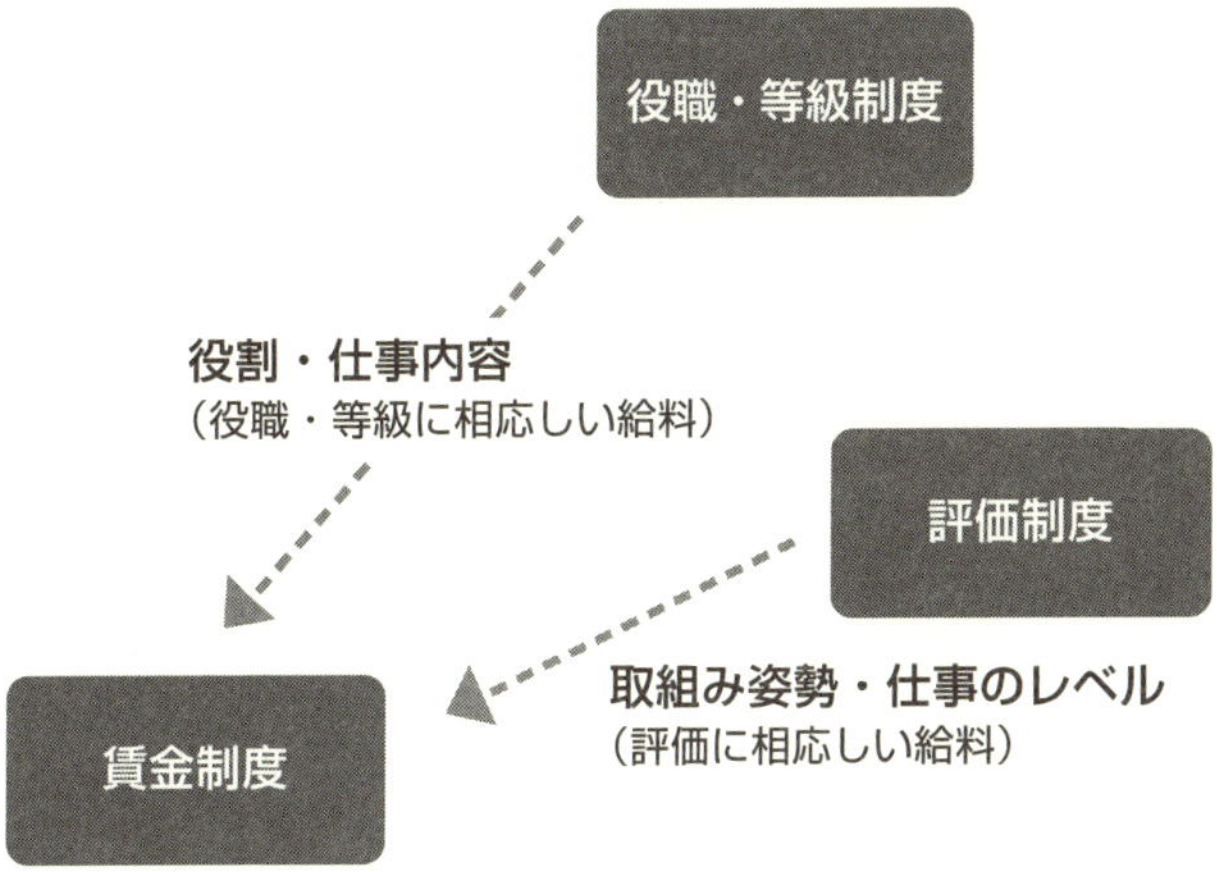

【参考】改正パートタイム労働法
（平成20年4月施行）

労働基準法に明示を義務付けられた労働条件に加えて、

（第6条）①昇給の有無　②退職金の有無　③賞与の有無の3項目を文章で明示することを義務化

（第13条）パートタイマーから求められたときは、その待遇を決定するに当たって考慮した事項を説明することを義務化

2 人事制度をつくろう——STEP①
スタッフの役割を整理しよう

人事に関する諸制度の基礎となる「役職等級制度」の構築ステップを説明していきます。
まず、「職種軸」「役職軸」の2つの切り口で自店の仕事を整理しておく必要があります。

ひとつ目が「職種」という切り口です。
飲食店なら「ホール担当」と「調理担当」、食品スーパーなら「レジ担当」と「陳列担当」と「加工担当」のように、分業体制を取っている会社が多いと思いますが、この区分を「職種」と呼びます。

2つ目は、職種にかかわらず、企業として業務を適正かつ効率的に行なうための指示命令（マネジメント）系統上の役割を示す「役職」という切り口です。

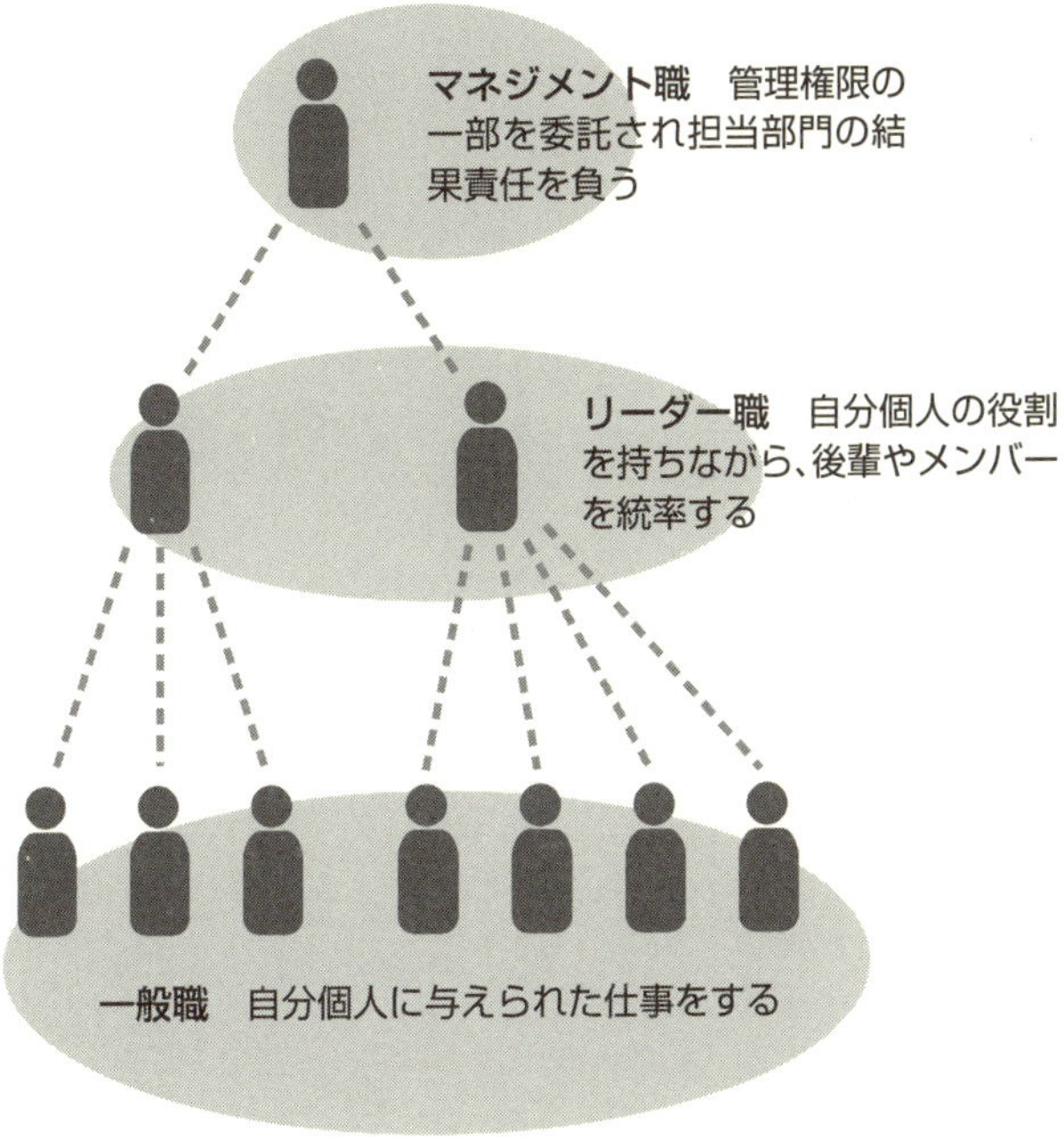

指示命令系統上の役割は大括りにすると、①一般職：自分個人に与えられた仕事をする役割、②リーダー職：自分個人の役割を持ちながら、後輩やメンバーを統率する役割、③マネジメント職：一部権限を委託され担当部門の執行管理を行なう役割、の3つに大別されます。

この「一般職」「リーダー職」「マネジメント職」といった区分を「職群」と呼びます。

3 人事制度をつくろう——STEP②
等級制度をつくろう

同じ役割であっても、経験や能力によって個人差があります。たとえば「一般職」といっても、先輩上司からこと細かく指導を受けながら業務を行なうレベルもあれば、日常業務では独力で任されるレベルのスタッフもいます。このように同一職群でも経験、能力等遂行レベルに差があります。このレベルによる区分も必要になります。この区分を「等級」と呼びます。

何区分にするかは、企業の人員体制、その仕事の難易度によって異なりますが、初級、中級、上級の3つに区分するのが一般的でわかりやいので、本書では、「3職群3レベルの9等級」の等級制度を例に挙げて説明します。

9等級			マネージャー上級
8等級			マネージャー中級
7等級			マネージャー初級
6等級		リーダー上級	
5等級		リーダー中級	
4等級		リーダー初級	
3等級	一般上級		
2等級	一般中級		
1等級	一般初級		
	一般職 自分個人に与えられた仕事をする	**リーダー職** 自分個人の役割を持ちながら、後輩やメンバーを統率する	**マネジメント職** 管理権限の一部を委託され担当部門の結果責任を負う

等級ごとに期待する役割と、その等級に上がるために必要な能力基準（昇格基準）を明確にします。

合わせて、「一般初級のスタッフは給料〇円、一般中級のスタッフは〇円」といったように等級ごとの給料を決めていきます（給料については169ページで詳しく説明します）。

等級制度を構築することによって、組織内での貢献や能力と、給料などの処遇が一致してきますので、スタッフの納得感を引き出すことができます。

ここで大切なことは、この制度を通じて、もっと成長したい、もっとレベルを高めたいと意欲を喚起して、スタッフをレベルアップさせることにあります。

ですから、構築するときは「今の自店スタッフの能力を考えると……」と現状だけを考えて設計してはいけません。

「こんな役割分担をしていきたい。こんなことのできるスタッフに育ってほしい」といったように2～3年の近い将来に望む体制を考えて設計してください。

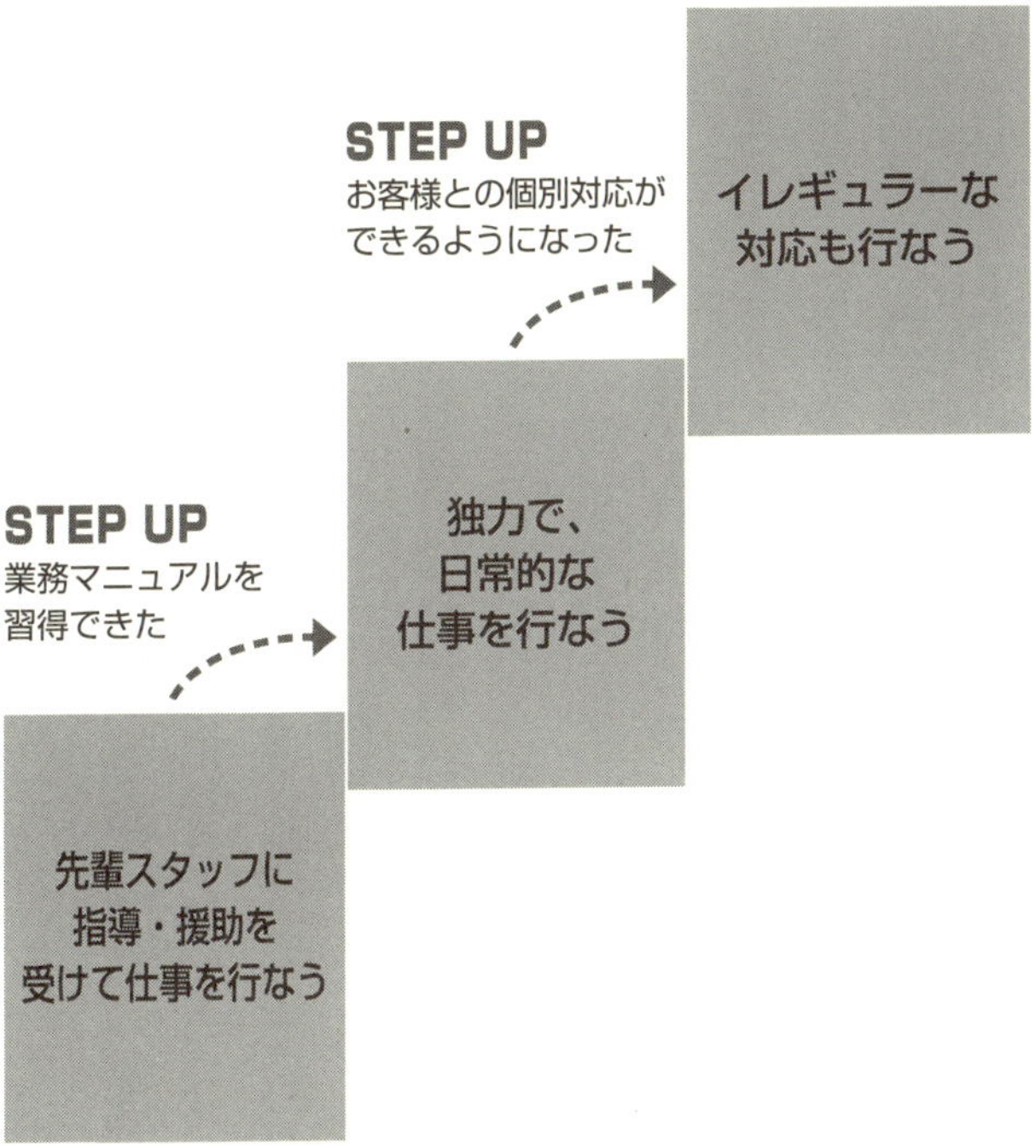
STEP UP
お客様との個別対応ができるようになった
イレギュラーな対応も行なう
STEP UP
業務マニュアルを習得できた
独力で、日常的な仕事を行なう
先輩スタッフに指導・援助を受けて仕事を行なう

4 評価制度をつくろう
スタッフへの期待を評価項目に落とし込む

次に、昇格や昇給などの処遇決定の根拠となる「評価制度」の構築ステップを説明します。「評価制度」とは、①評価項目（何を評価するか）、②採点基準（どのように点数化するか）、③運用ルール（誰が？　いつ？など）の3つを明確にすることです。

評価項目をつくると言っても、なにもむずかしく考える必要はありません。まずは、自店のメンバーとして求める行動規範や、自店スタッフにしてもらいたいこと、守ってほしいことを思いつくまま書き出してみてください。

たとえば、「いつも笑顔でいてほしい」「約束の時間を守ってほしい」など何でも結構です。とにかく思いつくまま書き出してみることです。その時、普段使っていない横文字やむずかしい言葉を使う必要はありません。日々使っている言葉で評価項目をつくっていきましょう。

ただ、思いつくまま抽出した事項をそのまま評価項目としてしまうと、評価項目に偏りが出やすく、正しい評価と違ってしまう危険性があるので、少し整理する必要があります。評価項目の整理の方法には「業務棚卸型」と「行動特性型」の2つの方法があります。

①業務棚卸型

業務棚卸型とは、業務の流れに沿って評価すべき点を評価項目とする方法です。

飲食店のホールスタッフを例にとると、「開店準備→お客様ご案内→オーダー受け→配膳（片づけ）→精算・会計→お見送り→閉店準備」が業務の流れとなります。

たとえば次ページ表のように、「お客様のご案内時は、入店と同時にお客様のほうを向いて、『いらっしゃいませ』とお声がけをする」など、そのシーンごとに、実践してもらいたいことを示し、それが実践できているかを評価項目とします。

このときに、「テーブルリセット時には、テーブルや椅子の下まで確認をする」など、自店のこだわりや徹底してもらいたいことを明記するとよいでしょう。

②行動特性型

行動特性型とは、態度（規律性、協調性、積極性）、業務（計画性、正確性、安定性）といった職場で求められる行動の特性を評価項目とする方法です。

ただ「規律性」が高いかどうかという評価項目にすると、評価する人の価値観や好き嫌いにより評価が大きくブレる危険性がありますので、147ページ表のように、自店における規律性の高いスタッフとは、「時間を守れること」「就業規則を守っていること」など、具体的な行動や状態を示して、これが実践できているかを評価項目とします。

評価項目は、実現させたい姿を文章化するものですから、目の前の業務だけでなく、①企業理念を実現させるため行動、②顧客満足を高めるための行動、③業績を高めるための行動などの視点も押さえておくといいでしょう。

	業務棚卸型	行動特性型
評価項目の作り方	職種別に、実際の業務の流れに沿って評価項目をつくる	職場で求められる行動特性（規律性・協調性・計画性等）に沿って評価項目をつくる
メリット	より具体的な項目になるので、評価者による評価ブレが小さい やるべきことが明確なので、スタッフの成長支援につなげやすい	作成の手間が比較的小さい 管理者がこと細かく仕事の内容を理解していなくても評価ができる
デメリット	業務フローが変わるたびに項目の見直しが必要	多少、評価者による評価ブレが起こりやすい

業務棚卸型の評価項目例（飲食店ホールスタッフ）

評価項目	着眼点
開店準備	決められた開店準備業務を手際よく時間内に終わらせる
お客様ご案内	入店と同時に、お客様のほうを向いて「いらっしゃいませ」と声かけができる
オーダー	メニューの名前と価格を覚えて、正確・スピーディーにオーダーを取ることができる
配膳（片づけ）	料理ごとの付属品を把握し、間違いなく、適量を提供することができる。仕上がりを確認して異常に気がつくことができる
精算・会計	正確・スピーディーにレジ作業ができる。クレジット、領収書、金券の取扱いができる
お見送り	お客様の退店時に出口まで出て、お客様の方を向いてお見送りができる。忘れ物チェックができる
テーブルリセット	手早く、丁寧にテーブルリセットができる。（テーブルや椅子の下まで確認をして）次のお客様に心地よく座ってもらえる状況にしている
閉店準備	決められた閉店準備業務を手際よく時間内に終わらせることができる

行動特性型の評価項目例

	評価項目	着眼点
規律性	時間厳守	出社時間・休憩時間等を守っている
	ルール遵守	就業規則を守っている
協調性	担当業務外の協力	自分の担当業務以外でも、嫌な顔をすることなく協力する
	報告・連絡・相談	業務がスムーズに流れるように適時、正確に報告・連絡・相談をしている
積極性	アイドルタイム	手が空いてときに、自ら進んで仕事を探している
	成長意欲	積極的に、先輩上司に指導を仰いだり、勉強をしている
計画性	作業計画	1日の作業計画に沿って作業をしている
正確性	伝票処理	正確に丁寧に伝票記入（処理）をしている
	作業の正確性	（検品・発注等）ケアレスミス・確認ミスによる二度手間を起こさないように正確に作業をしている

5

成長に合わせて3ステップで考えよう

評価とは、期待する成果、期待する行動、期待するレベルに対して、「どの程度期待に応えたかの実践度・達成度を測定して点数化すること」です。

同じ業務であっても、初級スタッフに期待するレベルと、高給のベテランスタッフに期待するレベルは異なります。期待するレベルが違うのですから、評価項目・評価基準も、当然ステップアップしていく必要があります。

飲食店のホールスタッフの「オーダー受け」を例にお話しします。

「オーダー受け」はすべてのホールスタッフが行なう業務です。しかし、時給８００円の新人スタッフなら、メニューの名前と価格を覚えて、正確・丁寧にオーダーを取れれ

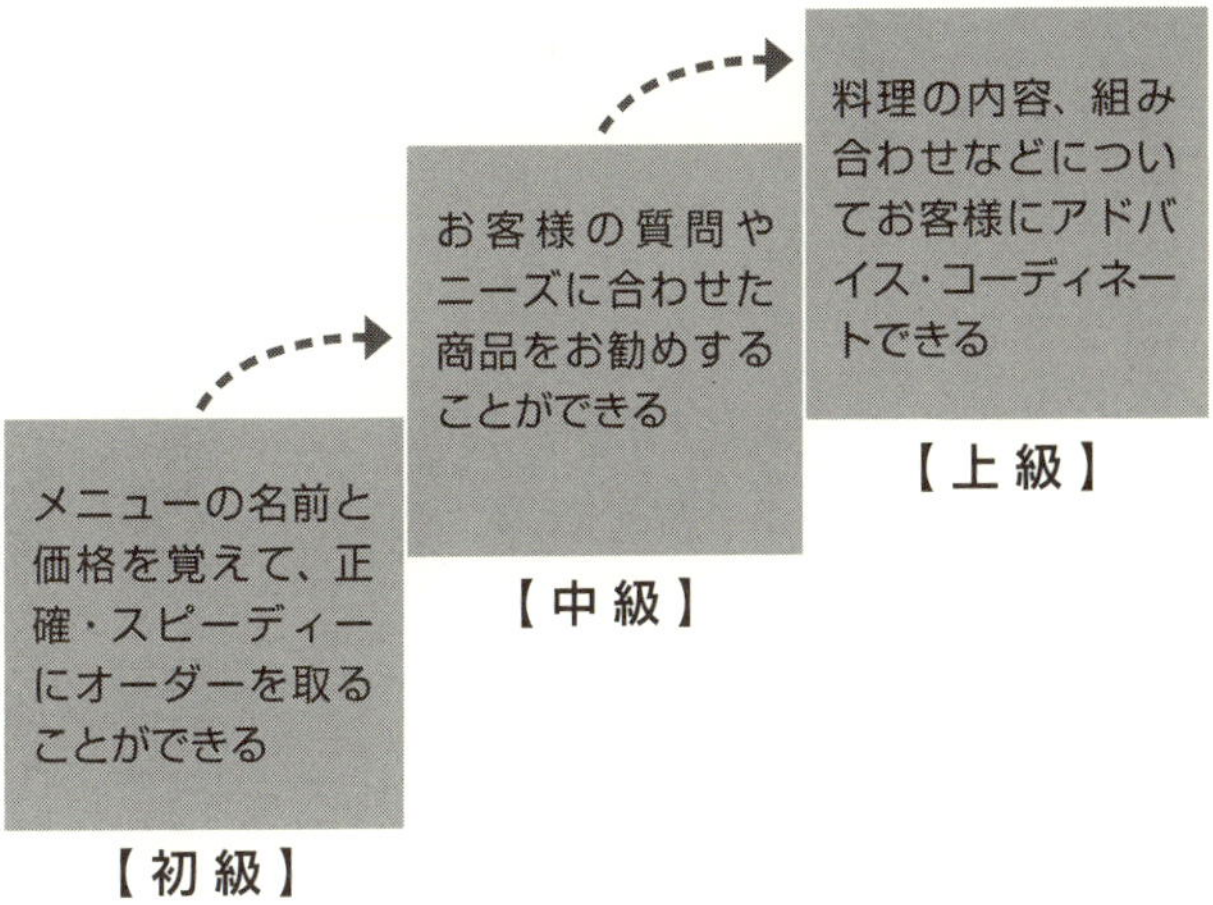
料理の内容、組み合わせなどについてお客様にアドバイス・コーディネートできる
【上級】
お客様の質問やニーズに合わせた商品をお勧めすることができる
【中級】
メニューの名前と価格を覚えて、正確・スピーディーにオーダーを取ることができる
【初級】

ば合格点をつけることができますが、時給1000円を超えるベテランスタッフなら、それだけでは合格とは言えません。+αの価値をお客様に提供できなければ合格点を与えることはできません。

たとえば、メニューの名前と価格を覚えるだけでなく、料理の内容をしっかりと理解して、お客様に説明して、組み合わせの提案を行なって初めて、合格点となります。

この違いは3ステップで捉えるとわかりやすく、スタッフの成長目標にしやすいので、3ステップ法をお勧めします。

6 採点基準を明確にしよう（絶対評価でいこう）

評価結果を、昇給等の処遇と連動するためには、個々の項目の実践度、達成度を測定して、「点数化」をする必要があります。

その際、「絶対評価」での点数化を提案しています。

項目ごとに優劣で序列づけをして、「上位10％の者は5点、20％は4点……とする」のように、相対評価を採用している企業もありますが、あまり推奨できません。

その大きな理由は、評価の目的が格差をつけることではなく、スタッフの成長と、その結果実現できる店レベルの向上にあるからです。

ですから、全スタッフが評価項目を高いレベルで実践できていれば、全員に高得点を与えるべきです。逆に大多数が実践できていなければ、高得点をつけるべきでなく、実践できるように指導育成を図ることが大切です。

本来の目的が、スタッフ同士の競争をさせることではなく、全員がレベルアップすることにあることを常に念頭に置いて運用することが大切です。

ただし、絶対評価となると、評価者の感覚（クセ）によって、同じ行動を見ても異なる評価（点数）をつけてしまう可能性が高くなります。それを軽減するために、採点の基準を明確にしておく必要があります。

つまり「○○○状態であれば○点とする」のように個々の項目ごとに採点の基準を明確にしておくのです。

評価が「○できているか or ×できていないか」の2ランクでは少々雑すぎますし、逆に、あまり細かくすぎるとかえって迷ってしまいます。たとえば10ランクにもなると、「7点」と「8点」の差を言葉で示すのがむずかしくなり、迷いからかえって評価者の恣意が働きやすくなります。現実の運用を考えると、3～5ランク程度がいいようです。

	合格		いまー歩		ダメ	
	7点	カルテの記入内容から、現状を把握することができる。不明な点については、お客様または上司に確認している	4点	カルテの記入内容のみの情報で現状を把握し、勝手な判断で施術に入ってしまうことがある	0点	悩みや肌状態を把握しないまま施術に入ってしまう
	7点	メニューの内容と金額、その内容の違いを理解し、メニュー商品ごとの特色、効果などを説明をすることができる。	4点	ご意向に合わない説明・メニュー提案をしていることがたまにある	0点	内容と金額、効果の違いを上手く伝えていない
	7点	お客様を次の動きにスムースに誘導できている	4点	お着替え等のお客様にしていただく次の行動・準備への誘導が上手く伝わっていないことがある	0点	スムースに誘導できずに、お客様をウロウロ迷わせてしまう
	7点	すべてのメニューを、マニュアルの手順を覚え、時間内に施術することができる	4点	時々手順を間違えたり、マニュアルを見ながら施術をすることがある	0点	自己流の施術をしたり、時間に過不足が出ることが多い
	7点	終わったときの効果を実感していただく会話ができている	4点	お客様の効果実感に共感できずに、事務的な対応で温度差がある	0点	終わったときの効果を実感していただく言葉が出ていない
	7点	施術で使用した化粧品ラインの効果説明・紹介はしている（購入につながらなくても可）	4点	施術に使った商品について紹介はしているが、その効果・肌への適性まで伝えていない	0点	物販の紹介をしていない

エステサロンの評価項目と採点基準の事例

評価項目	評価基準	エクセレント	
カウンセリング	お客様の悩み、ニーズを引き出している	10点	カルテの記入内容に沿って会話を膨らましてコミュニケーションを深めることができる
メニュー提案	自店のメニューを理解してお客様に最適な提案を行なっている	10点	メニューの内容と金額、その内容の違いを理解し、商品ごとの特色、お客様にとっての個別性のある効果などを説明をすることができる
お出迎え・ご案内	施術場所への誘導、着替えへの誘導をスムースに行なっている	10点	スムースで高級感・信頼感のある誘導ができている
施術	マニュアル通りに施術を行なうことができる	10点	お褒めの言葉をいただけることが多い
アフターカウンセリング	お客様に効果を伝え、満足を高めている	10点	終わったときの効果を実感していただく会話を通してお客様と感動を共有できている
物販	化粧品の紹介・販売を積極的に行なっている	10点	さりげない会話を通して、購入につなげている

作成には手間はかかりますが、前ページのエステサロン店の事例ように、カウンセリングという評価項目に対して、

「10点：カルテの記入内容に沿って会話を膨らましてコミュニケーションを深めることができる」

「7点：カルテの記入内容から、現状を把握することができる。不明な点については、お客様または上司に確認している」

「4点：カルテの記入内容のみの情報で現状を把握し、勝手な判断で施術に入ってしまうことがある」

「0点：悩みや肌状態を把握しないまま施術に入ってしまう」

と個々の項目の採点基準を明確にしていくと、評価者の感覚による評価誤差を小さくすることができます。


前述のように、一つひとつの項目の採点基準を明文化することがむずかしければ、最低限、次ページのように、評価の目安を提示しておいてください。運用する中で評価誤差がでてきたら、その都度、すり合わせをして「○○○の状態の時は○点とする」と決めていくことです。

評価ランク 評語	基 準
5	エクセレント！（評価基準を常にクリアし、この項目に関して話題に上がるほどすばらしい）
4	合格！（評価基準を常にクリアしている。独力でできる）
3	あと一歩！（評価基準をクリアできない時もある。上司のチェック、フォローが必要）
2	要改善！（評価基準をできていないことが多い）
1	ダメ！（ゆっくり時間をとっての指導が必要。任せていない。任せているとは言えない）

最初から完璧なものをつくろうとすると、なかなかスタートできませんから、できることからスタートして、運用しながら改善をしていくほうが賢明でしょう。

この方法を上手く活用すると、作成段階から成果（副産物）を生み出します。

各職種のリーダーと経営者で、喧々諤々と討議をしながら、採点基準をつくろうとすると、いろいろな意識の違いや問題点が浮き彫りになり、店の目指す方向を具体化することができるのです。

実際に経験した高級料理店の事例を紹介します。

山田：「仲居さんの『配膳時の料理の説明』では、どうすれば『合格』と言えますか？」

仲居さん：「美味しい召し上がり方を、きちんと説明できることでしょうかね」
経営者：「『この刺身はこの醤油で、この天麩羅はこのお塩でお召し上がりください』では料理を説明したことにならないよ。食べ方を説明するだけでなく、素材や調理法のこだわりや特徴を伝えて〝知〟で美味しさを感じてもらえてはじめて合格だよ」
仲居さん：「……」

現場で考えている「合格のレベル」と経営者が求める「合格のレベル」が、まったく違っていました。当然ながら、現状のメンバーで「〝知〟で美味しさを感じてもらう」レベルまで到達している人はいませんでした。

それどころか、仲居さんは「素材や調理法のこだわり（特長）」を厨房（板前さん）から知らされていなかったのです。そして経営者は、そのこと（「仲居さんは誰も知らなかった」という事実）を知らなかったのです。

そこで、すぐに、調理場と連携して「本日の料理」の簡単な勉強会をやることになり、料理の説明を通して、美味しさの演出を高めることになりました。

7 納得性を高めよう①
評価対象期間と評価時期と処遇反映時期

評価結果によってスタッフの処遇が決まるのですから、公平かつ納得性のあるルールを公開する必要があります。

次ページのように、「○月○日から△月△日までの期間の行動を、×月×日までに評価して、その評価結果により、◇月の給料から改定する。□月の賞与支給に反映する」と、対象期間と評価確定、処遇反映の時期を決めておきます。

業務内容や企業体質にもよりますが、スタッフの成長スピードと評価にかかる作業負担のバランスの観点から、評価は年2回～4回実施するのが一般的です。

公平・納得できるルール

	第1期	第2期	第3期	第4期
評価対象期間	4月1日 〜 6月末日	7月1日 〜 9月末日	10月1日 〜 12月末日	1月1日 〜 3月末日
評価確定	7月 20日まで	10月 20日まで	1月 20日まで	4月 20日まで
賞与反映	第1〜2期の平均点を 冬季賞与（12月）へ反映		第3〜4期の平均点を 夏季賞与（7月）へ反映	
給料改定	第1〜2期の平均点により 11月支給分より改定		第3〜4期の平均点により 5月支給分より改定	

8 納得性を高めよう②
誰が評価するのか

どんなことを評価するのか（評価項目）も大切ですが、それ以上に重要なのが「誰が評価するか」です。

最初は社長が評価すればいいのですが、企業の成長、拡大に合わせて、次ページのように、「被評価者（評価される人）と評価者（評価する人）は誰か」を決めておくことが必要です。

直属の上司が一次評価者になるのが一般的です。被評価者の所属部門の業績・品質に何らかの責任を負う者、日々の仕事ぶりを把握できる者が一次評価者となります。

「一次評価者の売場責任者・店長が管理職として未熟なので、正しい評価を期待できないのですが、どうしたらいいでしょうか」という質問を受けることがあります。

答えは、上司としての肩書きを与えている以上は、評価者とすべきです。

正確な査定をすることだけが目的であれば、評価能力の高い（より客観的な視点で評価

被評価者	一次評価者	二次評価者	確定者
一般スタッフ	売場責任者	店長	経営者
売場責任者	店長	―	経営者
店長	―	―	経営者

できる）経営幹部を評価者とするほうが正確です。

しかし、評価制度は「評価されるスタッフ」の育成だけが目的ではありません。

「評価するマネージャーを育成する」という目的もあります。

マネージャーは、評価するという役割を担うことにより、①メンバーの行動により関心を持つようになる、②会社の求めていること（レベル）を理解する、③自分自身の行動にも責任がでてくる、という効果が生まれてきます。

ただし、最初から正しい評価をすることはむずかしいですから、任せ放しにすることはなく、マネージャーに対して丁寧に「評価の仕方」を指導・フォローすると同時に評価結果にも修正をかけていく必要はあります。

これにより、マネージャーは指導能力を身につけ、会社は組織力を高めることができるのです。

9 納得性を高めよう③

評価の流れ

左ページのように、自己評価から評価確定までのルールを決めておきます。ここで重要なことは「自己評価」の位置づけと、評価者によって評価結果に差が生じた時の扱いを明確にしておくことです。

ここで、「自己評価」について触れておきます。

企業によっては、自律性を尊重する等の理由から「自己評価点と他者（上司）評価点の平均点を最終評価点とする」といったルールを採用しているところもありますが、実際の運用を見ていると自己評価点が評価や処遇に影響するとなると、利害意識から客観的な自己評価をすることがむずかしくなります。

自己評価はあくまでも、指導目的のみに使用するのがお勧めです。

評価のフロー

自己評価	１次評価
自分自身を客観的に評価する （※自己評価の点数は評価確定になんら影響しない）	自己評価に左右されずに、管理職（１次評価者）の視点で評価する

▼

２次評価	２次評価の視点で評価をする （※１次評価者と評価差異があった場合は、１次評価者と打合せをする）

▼

確 定	１次評価・２次評価の結果を参考に、確定者の視点で評価を確定する （※最終確定点数によって、賞与、昇給等の処遇を決定する）

▼

評価結果 フィードバック	１次評価者が本人とフィードバック面接をして、確定した評価結果と、改善・強化してほしいポイントを伝える

10 評価誤差を軽減するための注意点

人が評価するのですから、完全に正しい評価することでは不可能かもしれません。だからと言って経営（管理）者が開き直ってしまったら、とてもスタッフの納得は得られません。成長につながりません。

評価時に陥りやすい心理的ミスは、次ページのようなものです。

残念ながら、これらのミスをなくす絶対的な対策方法はありません。しかし、評価者がこのような心理的ミスを犯していないだろうかと常に自問自答しながら評価することと、日頃から評価項目を意識してメンバーと関わることによって、ある程度誤差を防ぐことはできます。

人事評価時に陥りやすい心理的誤差

	内 容
ハロー効果	何かひとつよいところがあると、何もかもよく評価してしまう。反対に、何かひとつ悪いところがあると、何もかも悪く評価してしまう
寛大化傾向	自分の部下がかわいいし、他部門の社員よりよく見てあげたいという気持ちや、部下に嫌われたくないという気持ちから、実際より高い評価点をつけてしまう
中心化傾向	評価結果が真ん中の評価に集中してしまい、個人差がほとんどなくなってしまう傾向。評価に不慣れ、自信がない、真剣さがないなどの理由によって、部下の間に評価差をつけることをためらうことが原因
極端化傾向	少しよければ極端によい評価点をつけ、少し悪ければ極端に低い点数をつける。中心化傾向とは反対に、評価結果が二極化する
遠近効果	評価実施時の直前のことはよい事実も悪い事実も大きく印象に残り、3ヶ月前、5ヶ月前の事実は印象が薄くなっていて、評価に誤差が生じる

11 評価結果をしっかり伝えよう
モチベーションアップの面談

評価制度を「処遇決定のための査定」に終わらせてしまっては、「人的活性化」は実現しません。逆に不信感の原因につながる危険性すらあります。

評価結果をしっかり本人に伝え、育成につなげていくことが必要です。

前項でも触れたように、評価結果を伝えて指導することは、「被評価者」の成長支援のみならず、上司の指導力アップ、そして会社全体のマネジメントレベルの向上につながることですから、しっかりと時間をとって評価結果のフィードバック面談を行ないましょう。

168ページのポイントを抑えて、モチベーションアップにつながるフィードバック面談を実施しましょう。直属上司が上手く面談できない場合は、事前にロールプレイングをする、面談に同席するなど、評価者訓練も必要になります。

面談シート（事例）

氏名	面談者
がんばってくれたこと：成長したこと ① ② ③	
改善してほしいこと：もっと成長してほしいこと ① ② ③	
改善してほしいこと：もっと成長してほしいこと ① ② ③	
その他	

このようなシートを活用して、面談者は面談内容を事前に整理すると同時に記録に残しておき、次回の人事評価時に振り返ってみるのも効果的

●評価結果のフィードバックのポイント

①面談の日程スケジュールを事前に本人に伝える

事前に面談の主旨と日程を本人に伝えておき、当日は最低でも30分程度は確保しておく。

②事前にフィードバックすべきポイントを整理しておく

(1)高く評価していること、(2)改善してほしいこと、(3)自己評価と確定評価に大きな隔たりのあることを整理しておく。

③和やかな雰囲気をつくる

ドリンクなどを用意して、和やかな雰囲気を演出する。

④「これから」を語る場とする、相手の話を聴く

過去の行動を責めるのではなく「これからどうするか」の行動を中心に話す場にする。また、一方的に話さずに本人の考えを聴くことに注力する。

⑤即答できない質問に対して誤魔化さない

被評価者からの質問や要望に即答できないときは、いつまでに回答するかを伝え、後日、責任を持って回答する。ここでのごまかしは大きな不信につながる。

12 「仕事の能力」と「勤務条件」で決める時給の決め方

給料は労働の対価です。原則論をいえば、同一の仕事（役割と遂行レベル）であれば同じ時給となるのですが、パート・アルバイトに関して言えば、多少事情が違ってきます。

たとえば、勤続期間、能力、勤務態度に差がない2人のスタッフがいたとします。しかし、Aさんは家庭の事情があり、平日の決められた時間帯しか働くことができません。Bさんはお店が必要なときにいつでも働くことができます。

経営者が鉛筆を舐めて時給を決めるのであれば、この差を感覚的に上手く調整し、時給を決めることができるかもしれませんが、この違いを明確に説明できるルールをつくる必要があります。

その問題を解決する方法が、171ページに示したような「役割レベル・就業制限別時給制度」です。役割や遂行レベルの区分と、「土日は働けない」といった曜日限定や「4時には帰宅しなければいけない」といった時間限定の有無で時給が決まる仕組みです。この時給テーブルを使うことによって、時給決定の納得性を高めることができます。

また、子供の受験や親の介護などの理由で、就業制約が発生した場合には「制限あり」の時給テーブルに変更してもらうことになります。

一見形式ばった冷たい制度に感じるかもしれませんが、働くスタッフ、給料を支払う経営者の双方に、不必要な気遣いやストレスを与えることがないので、ある意味、優しい制度と言えます。

生活環境が変わって制約がなくなった時点で、「制約なし」の時給テーブルに戻れるような仕組みにしておく必要があります。

役割レベル・就業制限別時給表

等 級	就業制約なし	曜日 or 時間制約	曜日 and 時間制約
マネージャー上級	1,200 円	制約ありマネージャー	
マネージャー中級	1,100 円	—	
マネージャー初級	1,000 円	—	
リーダー上級	950 円	930 円	900 円
リーダー中級	900 円	880 円	850 円
リーダー初級	850 円	830 円	800 円
一般上級	800 円	780 円	750 円
一般中級	750 円	730 円	700 円
一般初級	700 円	680 円	650 円

13 賞与制度を構築しよう

「会社の業績は好調だし、○○さんはがんばっているから、奮発して昇給」

これで、スタッフは社長に感謝してもっとがんばってくれるはず、と思ったら……期待はずれ、挙句の果てに高すぎる時給のために、存在デメリット（いると困る）スタッフになってしまった。

こんな嘆きをよく耳にします。これは月給にせよ、時給にせよ、給料が上がったときは一時的にモチベーションは上がりますが、これは「給料額」そのものがモチベーション要因ではなく、「昇給（上がる）プロセス」がモチベーション要因であるということを顕著に証明する事例のひとつです。

モチベーション効果がなかったから元に戻そうとしても、いったん給料を高くしてしまったら、簡単に減額できません。仮にできたとしても、給料の減額は社内の混乱、スタッフの著しいモラルダウンにつながります。

そのような理由によって、一時的な利益や貢献評価で固定給や時給を昇給するのは、モチベーションマネジメントの視点でも、利益コントロールの視点で見ても非常に危険です。かと言って、金銭的報酬を伴わない賞賛の言葉だけでは、スタッフから「ケチな会社」と思われることになりかねません。

また、販売コンクールなどの短期的インセンティブに頼ると、次第にマンネリ化してインセンティブ効果が薄れていきます。

そこで、それを上手く解決する方法が賞与制度ということになります。賞与は2つの性格を持っていると考えられています。「給料の一部としての一時金」であるという考えと、「貢献に対する褒章、利益配分」であるという考え方です。

いずれにせよ、「ボーナス商戦」という言葉が象徴する通り、年2回（夏・冬）に支給されるのが世間一般では慣習になっているので、金額の大小はともかくとして、モチベーション要素として最初から人件費計画のなかに織り込んでおくとよいでしょう。

14 賞与制度で会社業績に関心を高めよう

お金だけのために働いているわけではありませんが、業績に連動した賞与は、個々のスタッフのモチベーション向上や組織の一体化に効果を発揮します。

利益目標を意識しているスタッフとそうでないないスタッフでは、売上を創るにしても、無駄な経費を使わないようにするにしても、その意識の差が些細な行動の差としてあらわれ、それは確実に成果（利益）の差につながります。

全体目標を意識して、目標達成のために自分の役割を認識して仕事をするスタッフがたくさんいれば、それだけ目標達成に近づくということです。

「目の前のお客様のために」「一緒に働く仲間のために」という気持ちで仕事をしているスタッフはたくさんいるでしょう。しかし、会社の事業計画や業績に関心を持ち、達成のためにがんばろうとするのは、ひと握りの優秀なスタッフに限られるのが現実です。

だからといって、「会社の利益計画に関心を持て！」とスタッフに強制したところであまり効果はありませんし、逆に「私は時間で働くパートなんだから！」と反発につながりかねません。

「利益に関心を持て！」と迫るのではなく、「関心を持つように」仕向けることが求められます。人はお金のためだけにがんばるわけではありませんが、業績に連動した金銭的インセンティブは有効な方法です。

利益が出たのでパート・アルバイトにも賞与で還元するという方法でも一応の効果は期待できますが、もう一歩踏み込んで、事前に「業績計画と達成時の賞与額」を提示すれば、スタッフ一人ひとりが計画達成という目標意識を持つように仕向けることができます。

しかし、目標を提示した瞬間に「本当は賞与を出したくないから、無理な目標を設定しているんじゃない？」と不信感を持たれるようでは逆効果です。

特にパート・アルバイトは就業制約が大きいので、あまり過度なプレッシャーは禁物です。「がんばれば達成できる」と思える目標設定にすることが大切です。

おわりに　退職者の「口コミ」によって真価が問われる

いろいろな世界で活躍しているトップセールスマンの話を聞くと、成功要因は「紹介客」と「リピーター」づくりにあるようです。

もちろん彼らが新規獲得のための努力をまったくしていないわけではありませんが、「紹介客」と「リピーター」だけでも十分な成果を出せる状態になっています。

それは、人材の戦力化にも同じことが言えるのではないでしょうか。

さすがに、スタッフの「リピーター」というのはあまりないかもしれませんが、それを「定着」と置き換えれば、「紹介（＝口コミ）」と「定着」の効果はご理解いただけるはずです。

特にこれから人口減少時代を迎え、ますます優秀な人材を確保しにくくなることを考えると、「口コミ」「紹介」というのは重要なキーワードになります。

現実問題として、限られたエリア（人）の中から、人を採用するしかありません。

その限られたエリアで、「あの会社の社長は傲慢な人だ」「あの店は人使いが荒い」「労働環境が悪い」など、「知らぬは店主ばかりなり」の悪い口コミが広がってしまったら……そのマイナス効果は計りしれません。行き着くところ、営業上でも大きな障害となってきます。

こちらが「伝えたい情報」を広く伝えるのは非常にむずかしいことですが、「伝えたくない情報」（悪い口コミ）は、簡単に、ものすごいスピードで、尾びれ背びれまでついて広がっていくものです。

「2ちゃんねる」などインターネット上の口コミサイトでは、明らかにスタッフが書き込みをしたと思われる批判・中傷をたくさん目にします。誇張はあるのでしょうが、応募しようと考えている人に影響を与えるのは間違いありません。

そんな怪情報が簡単に飛び交う時代なのです。

その究極の現象が元社員による「風評」、そして倒産——ということになります。

自社の理念に共感してくれないスタッフや、自社の求めるレベルに達しないスタッフには、辞めていただくことも時には必要です。

しかし、「辞めたい人はいつでも辞めろ！」「うちで働きたい人はいくらでもいるんだ」という傲慢な態度は非常に危険です。天に向かって唾を吐くようなものです。やむを得ずそうするにしても「気持ちよく辞めていただく」という姿勢が必要です。

余談になりますが、「スタッフが定着しない」「思うように採用できない」などの人の悩みを抱える会社の現役スタッフにヒアリングしていると、「『うちの会社は給料が安い』とか『うちの会社は仕事がキツイ』と噂が立っていますよ」と、まるで他人事のように打ち明けられることがあります。

そのスタッフが言っているだけで、実際にそんな噂が広がっているかどうか、真偽のほどはわかりません。しかし、それは黄色信号で、かなり危険な兆候といえます。

仮にそれが事実であるならば、その発信源は、辞めたスタッフか、現役スタッフのどちらかしかありません。

仮に、今はそんな噂がなかったとしても、いつそのスタッフを発信源とした口コミが広がってもおかしくないのです。

●辞めたスタッフを「自店の信者」にしよう！

1章では、「スタッフの信者化」が人材戦略のゴールであるとお伝えしましたが、もう少し話を進めると、「辞めたスタッフもそのまま信者でいてくれること」が、本当のゴールです。

これが実現できれば、営業面でも人事面でも非常に有利になってきます。

トップセールスマンに話を聞くと、彼らは「売るとき（購入前の満足）」よりも、「買ってもらったあと（購入後の満足）」に細心の心配りをしています。

それが「リピーター」「紹介客」へとつながっているのです。

人材の戦力化も同じだと思います。辞めるとき（別れ際）が大事です。

せっかく面倒を見たのに、後ろ脚で砂をかけるような辞め方をするスタッフがいるのも事実です（私も前職時代に何度もそんないやな経験をしてきました）。

しかし仮にそうであっても、辞めたスタッフの「悪口」「非難」を他のスタッフにしてはいけません。

終わったことを引きずっても、因果応報……悪循環に陥るだけです。

「終わりよければすべてよし」、辞める側・残る側の双方が、よい印象だけを残せるように、退職時には小さな〝感動〟演出をしてください。

①感謝の心を伝える

「ありがとう」の手紙を送りましょう。

②送別会を行なう

仕事の都合や本人の事情で酒宴を設けることができない場合は、ケーキとお茶だけでもいいので、送別会をしましょう。

③プレゼントを贈る

小さな花束を贈りましょう。


辞めていくスタッフがいい印象を持って終われば、必ずよい口コミが伝わるはずです。

また、残るスタッフにもいい印象を与えます。それを経験したスタッフは「後ろ脚で砂をかけるような辞め方」はしません。

それが善循環のスタートです。

「辞めない会社」を創るのはむずかしいことですが、いい印象を残して辞められる会社は創れるはずです。

いいお客様とつき合うためには、いいスタッフでなければ対応できません。

ぜひ、マーケティング視点に立った人材戦力化に取り組んで、素晴らしい会社・儲かる会社を実現させてください。

2009年1月

山田公一

著者略歴

山田公一（やまだ　こういち）

船井総合研究所　経営コンサルタント
1964年6月生まれ
カネボウ化粧品に約11年間エリアマネージャーとして勤務。2001年1月船井総合研究所に入社、現在に至る。
前職では、様々な販売チャネル（GMS・ドラッグストア・専門店）の売場で、販売スタッフのモチベーションアップおよび販売促進に従事し「売場はスタッフで決まる！」ことを実感する。
船井総研入社後は、その経験をもとに「企業繁栄の鍵は現場第一線の人材づくり」を信条として、幅広い業種での、新入社員から幹部社員の「教育研修」の企画や講師および「人事評価制度」の構築支援に従事する。

小売・サービス・飲食業のための
パート・アルバイト「採用・戦力化・定着化」マニュアル

平成21年2月20日　初版発行

著　者　山田 公一

発行者　中島 治久

発行所　同文舘出版株式会社
東京都千代田区神田神保町 1-41　〒 101-0051
電話　営業 03（3294）1801　編集 03（3294）1803
振替　00100-8-42935　http://www.dobunkan.co.jp

ISBN978-4-495-58281-4
印刷／製本：シナノ　Printed in Japan 2009